Die neue indische Küche

Die neue indische Küche
Atul Kochhars preisgekrönte Rezepte

Atul Kochhar
Fotografie David Loftus

Christian Verlag

Für meine wundervolle kleine Tochter Amisha

Aus dem Englischen übersetzt von Susanne Vogel
Redaktion: Redaktionsbüro Text-Welten, Elke Homburg
Korrektur: Petra Tröger
Umschlaggestaltung: Caroline Daphne Georgiadis, Daphne Design
Satz: Maria Haas-Lehner

Copyright Text © 2005 der deutschsprachigen Ausgabe by
Christian Verlag, München, www.christian-verlag.de

Die Originalausgabe mit dem Titel *Indian Essence* erschien erstmals 2004 im Verlag Quadrille Publishing Limited, London.

Copyright © 2004 für den Text: Atul Kochhar
Copyright © 2004 für die Fotos: David Loftus
Copyright © 2004 für Design und Layout: Quadrille Publishing Limited

Design: Jim Smith
Foodstyling: Atul Kochhar
Styling: Jane Campsie
Fotos: David Loftus

Printed in China

Alle deutschsprachigen Rechte vorbehalten.

ISBN 3-88472-659-5

HINWEIS
Alle Informationen und Hinweise in diesem Buch wurden vom Autor nach bestem Wissen erarbeitet und von ihm und dem Verlag mit größtmöglicher Sorgfalt überprüft. Unter Berücksichtigung des Produkthaftungsrechts müssen wir allerdings darauf hinweisen, dass inhaltliche Fehler oder Auslassungen nicht völlig auszuschließen sind. Für etwaige fehlerhafte Angaben können Autor, Verlag und Verlagsmitarbeiter keinerlei Verpflichtung und Haftung übernehmen.

Korrekturhinweise sind jederzeit willkommen und werden gerne berücksichtigt.

ANMERKUNGEN
- Alle Rezepte sind, sofern nicht anders angegeben, für 4 Portionen berechnet – als Teil eines mehrere Gerichte umfassenden indischen Essens.
- Mit einem * gekennzeichnete Zutaten und Begriffe sind im Glossar (Seite 156–157) erläutert.
- Bei den Mengenangaben ist, sofern nicht anders angegeben, von gestrichenen Tee- oder Esslöffeln auszugehen: 1 TL = 5 ml; 1 EL = 15 ml.
- Verwenden Sie frische Kräuter, falls nicht ausdrücklich getrocknete verlangt werden.
- Die in den Rezepten genannten Backofen- oder Grilltemperaturen sollten unbedingt eingehalten werden.

Ausdrücklich danken möchte ich dem Almond Board of California für seine Hilfe und Unterstützung bei der Arbeit an diesem spannenden Projekt.

INHALT

- 6 Einführung
- 10 Vorspeisen und Snacks
- 38 Fisch und Meeresfrüchte
- 58 Geflügel
- 80 Fleisch
- 104 Gemüse und Hülsenfrüchte
- 130 Beilagen: Reisgerichte, Fladenbrote und Chutneys
- 142 Desserts
- 154 Menüvorschläge
- 156 Glossar
- 158 Register

EINFÜHRUNG

Die Küche Indiens ist so abwechslungsreich wie die Kultur, die Geographie und das Klima des Landes. Sie begeistert durch ihre Farben und Aromen, ist einfach zuzubereiten und stimmt rundum zufrieden. Die indische Kochkunst lebt vom virtuosen Umgang mit würzenden Zutaten. So wie in der westlichen Küche Salz und Pfeffer, werden Gewürze in Indien eingesetzt, um den Eigengeschmack einer Zubereitung zu unterstreichen und nicht etwa zu übertönen.

Stärker vermutlich als Angehörige anderer Kulturkreise werden Inder von klein auf mit den vielfältigsten Geschmacksempfindungen konfrontiert: Scharfe und nussige, feurige und süße, herbe und scharfe oder auch bittere und saure Aromen werden gern kombiniert. Das Spektrum reicht von der lieblichen Frische der Curryblätter bis zur dunkel getönten Schärfe von Asafötida. Indische Köchinnen und Köche verstehen es nicht nur, Gewürze zusammenzustellen, sondern können sogar jedem einzelnen Gewürz verschiedene Nuancen entlocken, indem sie es rösten und/oder mahlen. So zaubern sie eine Vielfalt der Aromen.

Es gibt kaum etwas, das man in Indien nicht durch Gewürze zu veredeln weiß. Dabei muss man jedoch zwischen Würze einerseits und Schärfe andererseits, die in der Regel ganz gezielt durch Chilischoten erzeugt wird, sehr wohl unterschieden. Im heißen Süden schätzt man die schweißtreibende Wirkung der feurigen Schoten, die dem Körper wohltuende Kühlung verschafft. Im Norden kocht man weniger scharf, versteht sich aber auf raffinierte Würzmischungen und immer kommen ergänzend auch pikante Pickles und Chutneys auf den Tisch.

Indische Zutaten sind relativ einfach zu besorgen – ob in den immer zahlreicheren asiatischen Lebensmittelläden, die oft exotische Gemüse- und Obstsorten und eine große Auswahl an Spezialprodukten führen, oder inzwischen auch in größeren Supermärkten. Fündig wird man eventuell ebenso in arabischen Lebensmittelgeschäften, aber auch in Delikatessenläden oder bei Anbietern im Internet.

Religiöse und regionale Einflüsse
Neben den geographischen sind es vor allem religiöse Aspekte, die die indische Küche prägen. Die meisten Inder sind Hindus, Jains oder Buddhisten und leben vegetarisch. Bestimmte Speisen gelten als rein oder heilig und spielen als solche in Tempelritualen, aber auch bei vielen anderen Feierlichkeiten und

Festen eine zentrale Rolle. Süße Grießpfannkuchen etwa sind untrennbar mit *holi* verbunden, dem farbenprächtigsten aller Feste auf dem Subkontinent.

Obwohl in Indien zahlreiche Religionen nebeneinander bestehen, haben Hinduismus und Islam mehr als alle anderen die indische Esskultur beeinflusst. Mit jeder neuen Einwandererwelle kamen auch neue Ernährungsgewohnheiten ins Land, die in der Folge mit den einheimischen Spezialitäten und Zubereitungstechniken verschmolzen. Wesentliche Impulse kamen auch von den Portugiesen und Persern. Die Briten schließlich führten den kommerziellen Teeanbau in Indien ein.

Nach wie vor ernähren sich viele Hindus strikt vegetarisch, wenn auch das religiöse Gebot zum Fleischverzicht allmählich aufweicht. Muslimische Traditionen leben in der Zubereitung von Fleischgerichten klar erkennbar fort. Spezialitäten aus der Mogulküche, *kabab* (Kebab), üppige *korma* (Currys) und *nargisi kofta* (Fleischbällchen), *biryani* (Reisgerichte), *rogan josh* (Rezept Seite 82) und Köstlichkeiten aus dem *tandoor** wie *tandoori roti* und *tandoori murg* (Rezept Seite 71) gehören zum Vermächtnis der muslimischen Siedler in Indien.

Indien ist ein riesiges Land und wie die Kultur überrascht auch die Küche mit vielen regionalen Besonderheiten. Das kulinarische Zentrum aber ist unbestritten der Norden und hier tut sich speziell die Küche Delhis hervor, die auch zuerst außerhalb Indiens Fuß fasste. Sie ist farbenfroh, gehaltvoll und zumeist sehr aromatisch. Weizen ist das Grundnahrungsmittel und *roti* (Brot) ein Standardbegleiter jeder Mahlzeit. Zu einem typischen nordindischen Essen gehören neben *chapati* (Rezept Seite 134) oder *paratha* (Rezept Seite 135) und Reis noch eine ganze Reihe weiterer Gerichte wie *dal**, gebratenes Gemüse, Currys, *paneer**, Chutneys und Pickles. Die meisten Süßspeisen basieren auf einer Art Milch- oder Reispudding, wie etwa das allseits beliebte *kheer*, und sind oft mit Sirup getränkt. Ein nordindischer Klassiker ist *kulfi*, eine nussige Eiscreme (Rezept Seite 152).

In den südindischen Bundesstaaten wie Andhra Pradesh, Tamil Nadu, Karnataka und Kerala bevorzugt man eine leichte, fettarme und aromatische Küche, in der Curryblätter, Kokosnüsse und Gewürze den Ton angeben – nicht von ungefähr, bildet hier doch der Gewürzanbau eine Säule der Wirtschaft. Die Grundlage jeder Mahlzeit ist Reis, zu dem gewöhnlich *rasam* (eine dünne Suppe), *sambhar* (ein Gericht aus Hülsenfrüchten), gebratenes oder als Curry zubereitetes Gemüse und *pachadi* (eine quarkähnliche Zubereitung) serviert werden. Ohne Kokosnuss wäre die südindische Küche kaum vorstellbar und *dosa* (Pfannkuchen aus Reis und Hülsenfrüchten) sowie *idli* (gedämpfte Reisküchlein) sind inzwischen landesweit beliebte Snacks. Zu den Spezialitäten Keralas gehören *appam* (Reispfannkuchen) und dicke, deftige Eintöpfe.

In den westlichen Bundesstaaten – Maharashtra, Gujarat, Rajasthan, Goa und Madhya Pradesh – darf der Reisende mit jeder Grenzüberquerung andere Gaumenfreuden erwarten. Rajasthan etwa ist für seine herzhaften Gerichte mit Fleisch und Huhn bekannt, Gujarat hingegen für seine frische und leichte vegetarische Kost. Im Osten liegen einige der ärmsten Staaten des Landes, was sich auch in den Essgewohnheiten spiegelt. Berühmt ist hier allerdings das bunte Angebot an »streetfood« und interessant ist die bengalische Küche, in der hinduistische und muslimische Einflüsse zusammentreffen.

Ein indisches Essen
In einer Familie, die sich – wie das Gros der indischen Bevölkerung – vegetarisch ernährt, gruppieren sich um ein Hauptgericht aus Linsen oder anderen Hülsenfrüchten zwei bis vier Gemüsezubereitungen. Sie sorgen nicht nur geschmacklich, sondern auch in ihrer Konsistenz und Farbe für reizvolle Kontraste. Dazu gibt es Reis oder Brot, manchmal auch beides, und ein Dessert rundet die Mahlzeit in der Regel ab. Ein nicht vegetarisches Menü umfasst oft zwei unterschiedliche Hauptgerichte auf der Basis von Fisch beziehungsweise Meeresfrüchten, Geflügel, Federwild oder Fleisch, ergänzt durch zwei oder drei Gemüsebeilagen, eine Zubereitung mit Hülsenfrüchten, Reis und/oder Brot sowie zum Abschluss eine Süßspeise.

Da Inder leidenschaftliche Gastgeber sind, kann eine Essenseinladung leicht ausufern. Zwei oder drei Vorspeisen sind keine Seltenheit. Es folgen ebenso viele Hauptgerichte, begleitet von bis zu vier Gemüsezubereitungen, Reis sowie ein oder zwei Brotsorten. Mehrere Desserts machen den Festschmaus komplett. Die Grundausrichtung eines solchen Menüs variiert natürlich von Region zu Region. Nordinder, die nicht streng vegetarisch leben, mögen vor allem Fleisch und Geflügel; im Westen des Landes sind Lamm, Ente und Fisch die Favoriten; Fisch, Lamm und Geflügel stehen im Osten des Subkontinents hoch im Kurs und Fisch, Wild, Fleisch sowie Geflügel schließlich im Süden. Stets bilden jedoch Gemüsegerichte ein wesentliches Element eines Essens, wobei gewöhnlich auf eine ausgewogene Kombination von Wurzel-, Stiel- und Blattgemüsen geachtet wird.

Regionale Prägung hin oder her, die Inder sind zugleich durchaus experimentierfreudig, sodass »panindische« Menüs, die aus dem Rezeptrepertoire des ganzen Landes schöpfen, immer mehr in Mode kommen. Mir gefällt diese Idee und so sind auch meine Menüvorschläge (Seite 154–155) lediglich als Anregungen gedacht, die Sie nach Belieben abwandeln können. Entscheidend ist eine größtmögliche Vielfalt an Geschmackserlebnissen, Texturen und Farben. Sie macht den wahren Geist der indischen Küche aus.

VORSPEISEN UND SNACKS

Der kleine Imbiss unterwegs spielt in Indien eine große Rolle. Beim Einkaufen oder auf Reisen kehrt man gern in Cafés oder in Garküchen ein, bei Geschäftsterminen und Besuchen werden Snacks gereicht. Wieder zu Hause oder am Reiseziel angelangt, folgt den Zwischenmahlzeiten eine komplette Mahlzeit. Die Rezeptauswahl in diesem Kapitel umfasst kleine Köstlichkeiten, die an Straßenständen, in Cafés, auf Bahnsteigen und an Stränden häufig angeboten, aber auch in den Familien aufgetischt werden. Besondere Kochkünste und viel Zeit sind für die Zubereitung meist nicht erforderlich.

JHAL MURI
Würziger Puffreis BIHAR, OSTINDIEN

Dieser würzige Snack war lange Zeit mein Favorit und bis heute weckt er in mir Erinnerungen an meine Kindheit in Ostindien. Dort gehört *jhal muri* zum bunten Angebot der Straßenstände und wird häufig mit *chana bhaja* oder *chana choor*, zwei beliebten Snacks aus Hülsenfrüchten, gegessen. Genauso ist es aber als Snack, Salat oder Vorspeise äußerst populär. Es ähnelt zwar sehr dem *bhel puri* und *sev puri* Westindiens, ist in seiner geschmacklichen Ausrichtung aber eindeutig der ostindischen Küche zuzuordnen. Obwohl *jhal muri* verschiedenste interessante Zutaten enthalten kann, habe ich mich hier für eine relativ einfache Variante entschieden.

Zuerst für das Dressing Senföl, Limettensaft, Chilipulver, Kreuzkümmel und Mangopulver in einer kleinen Schüssel mit einem Schneebesen gründlich verrühren. Das Tamarinden-Chutney (falls verwendet) untermischen und das Dressing zuletzt nach Geschmack salzen.
    Den Puffreis in einer großen Schüssel mit dem *sev* vermengen. Nun Zwiebel, Kartoffel, Tomate, Gurke und Chili, dann Koriander, Sprossen und Erdnüsse darunter mischen. Das Dressing unterziehen und die Mischung in eine Servierschüssel füllen.

Anmerkung: *Sev* ist ein indischer Instant-Snack. Er besteht aus knusprig frittierten Kichererbsennudeln, pikant abgeschmeckt mit Gewürzen wie Chilipulver, gemahlenen Bockshornkleeblättern und Salz. Puffreis ist im Osten des Landes als *muri* und im Norden Indiens als *phyliyan* bekannt. Sowohl *sev* als auch Puffreis bekommen Sie in größeren Asia-Läden.

Variante: Anstelle der gemischten Bohnensprossen können Sie Kichererbsen, nach Belieben frisch gekocht oder auch aus der Dose, verwenden.

250 g Puffreis
50 g *sev* (siehe links unten)
½ rote Zwiebel, fein gehackt
½ gekochte Kartoffel, gewürfelt
½ Tomate, fein gehackt
50 g Salatgurke, fein gehackt
1 grüne Chilischote, fein gehackt
1 EL Korianderblätter, in feine Streifen geschnitten
50 g gemischte Bohnensprossen
30 g Erdnusskerne, mit Häuten trocken geröstet und gesalzen

DRESSING:
4 TL Senföl
2 TL Limettensaft
¼ TL Chilipulver
¼ TL Kreuzkümmel, geröstet und zerstoßen
¼ TL Mangopulver* (siehe Stichwort Mango)
1 EL süßes Tamarinden-Chutney (Rezept Seite 138), nach Belieben
½ TL Salz (oder nach Geschmack)

PAPARIS RECHEADOS
Gefüllte Pappadum GOA, WESTINDIEN

Pappadum werden aus verschiedenen Sorten von Linsen gemacht – ideal sind in diesem Fall solche aus *black gram**. Sie lassen sich außer mit Ingwergarnelen auch gut mit anderen Zutaten füllen, etwa mit kräftig gewürztem Kartoffelpüree. Dazu passen ein Salat und ein Chutney – zum Beispiel ein pikantes Mango-Maracuja-Chutney (Rezept Seite 140). Diese Früchte gedeihen in Goa bestens.

Für die Füllung das Öl in einer Pfanne erhitzen. Die Zwiebel mit Knoblauch, Ingwer und Pfeffer glasig dünsten. Die Garnelen mit dem gemahlenen Koriander und Kurkuma zufügen. Nach 3–4 Minuten Kartoffeln untermischen. Mit Zitronensaft beträufeln, salzen, mit dem gehackten Koriander und Zimt bestreuen. Gründlich durchmischen und abkühlen lassen.

Inzwischen die *pappadum* 5–10 Minuten in warmem Wasser einweichen, danach abtropfen lassen. Das Mehl mit etwas Wasser zu einer Paste verrühren. Auf eine Seite jeden Fladens einen Teil der Füllung geben, die Fladen aufrollen und die Ränder mit der Mehlpaste versiegeln.

In einem geeigneten Topf reichlich Öl auf 160 °C erhitzen. Die gefüllten *pappadum* portionsweise in 2–3 Minuten knusprig und goldgelb frittieren. Auf Küchenpapier abtropfen lassen und heiß servieren.

8 einfache oder gewürzte *pappadum*
1 EL kräftiges Weizenmehl
Pflanzenöl zum Frittieren

FÜLLUNG:
1 EL Pflanzenöl
1 große Zwiebel, fein gehackt
1 TL Knoblauch, fein gehackt
1 EL Ingwerwurzel, fein gehackt
1 TL schwarzer Pfeffer, frisch gemahlen
200 g küchenfertige rohe Garnelen, grob gehackt
¼ TL gemahlener Koriander
½ TL gemahlene Kurkuma
100 g gekochte Kartoffeln, grob gehackt
1 TL Zitronensaft
½ TL Salz (oder nach Geschmack)
2 EL Korianderblätter, gehackt
etwas Zimtpulver

TARKARI NI BHAJIA
Frittierte Gemüsekrapfen WESTINDIEN

Die Kombination der Zutaten und die spezielle Art der Zubereitung garantieren ein intensives Geschmackserlebnis. Gut schmeckt dazu ein süßes Tamarinden-Chutney (Rezept Seite 138).

Für den Teig Tamarindenmark in 4 Esslöffeln warmem Wasser 20 Minuten einweichen, danach durch ein feines Sieb streichen.

Nun Kartoffeln 5–7 Minuten in Salzwasser vorkochen. Abgießen, etwas abkühlen lassen und raspeln. In einem geeigneten Topf reichlich Öl erhitzen und die Zwiebeln frittieren, bis sie leicht karamellisieren. Herausnehmen (Öl nicht weggießen) und auf Küchenpapier abtropfen lassen.

Chilis, Koriander, Knoblauch und ½ Teelöffel Salz im Mixer zu einer groben Paste verarbeiten.

Für den Teig die trockenen Zutaten in einer Schüssel vermischen. Die Tamarinde und 100 ml Wasser gründlich einrühren.

Bananen in einer Schüssel zerdrücken. Nun erst Kartoffeln und Zwiebeln, dann die Würzpaste und schließlich den Teig untermischen.

Das Frittieröl auf 190 °C erhitzen. Mit einem nassen Löffel von der Masse Bällchen abstechen und portionsweise in 3–5 Minuten goldgelb frittieren.

2 mittelgroße Kartoffeln, geschält und geviertelt
Salz
Pflanzenöl zum Frittieren
2 mittelgroße Zwiebeln, in feine Ringe geschnitten
2 grüne Chilischoten, entstielt
1 getrocknete rote Chilischote
1 EL Korianderblätter
4 Knoblauchzehen, geschält
2 reife Bananen, geschält

TEIG:
1 EL Tamarindenmark*
150 g *gram flour**
½ TL Salz
½ TL Natron
½ TL gemahlene Kurkuma

MOMOS
Indische Dim Sum ARUNACHAL PRADESH, OSTINDIEN

Tibetische Einflüsse verrät dieses Rezept aus Arunachal Pradesh. Der Nordosten Indiens, wo der sechste Dalai Lama lebt, ist buddhistisch geprägt. Deshalb können die *momos* alternativ auch mit vegetarischer Füllung zubereitet werden. Beliebte Beigaben sind Tamarinden-Chutney und/oder Tomaten-Chutney (Rezepte Seite 138/139).

Mehl und Salz in eine Schüssel sieben. In die Mitte eine Mulde drücken und 100 ml Wasser hineingießen. Alles zu einem glatten, festen Teig vermengen und zuletzt das Öl einarbeiten. In Klarsichtfolie einschlagen und 1 Stunde ruhen lassen. Inzwischen alle Zutaten für die Füllung in einer Schüssel vermischen.

Den Teig in 10 Portionen teilen, zu kleinen Kugeln formen und einzeln zu Kreisen ausrollen. In die Mitte jeweils 1 Teelöffel der Füllung setzen. Die Teigränder mit Wasser bepinseln und über der Füllung gut zusammendrücken.

Die Päckchen in einem Dämpfeinsatz über kochender Brühe (oder Wasser), aromatisiert mit Lorbeer und Ingwer, zugedeckt 10–12 Minuten dämpfen, bis sie richtig gar sind. Heiß servieren.

200 g Weizenmehl (Type 550)
1 TL Salz
1½ EL Pflanzenöl
Brühe, mit Lorbeer und Ingwer aromatisiert, zum Dämpfen

FÜLLUNG:
100 g gutes, mageres Hackfleisch vom Lamm, Schwein oder Huhn
je ½ TL Chilipulver und gemahlener Koriander
10 Basilikumblätter, gehackt
½ TL Salz
½ Zwiebel, fein gehackt

LITTEE
Teigbällchen mit würziger Füllung BIHAR, OSTINDIEN

Ähnliche Teigbällchen kennt man als *batti* in Rajasthan und als *bafla* in Madhya Pradesh, nur basiert die Füllung im ersten Fall auf würzigen Erbsen und im zweiten Fall auf Kartoffel- oder Maismehl. Traditionsgemäß werden sie über Holzkohlenglut gegart und meist isst man dazu ein Blumenkohl-Kartoffel-Curry (Rezept Seite 109) oder *dal**.

Mehl und Salz in eine Schüssel sieben. In die Mitte eine Mulde drücken und die Ingwer-Knoblauch-Paste, die Chilipaste sowie 150–200 ml Wasser hineingeben. Alles gründlich vermengen und zuletzt das *ghee* einarbeiten, sodass ein glatter, fester Teig entsteht. In Klarsichtfolie einschlagen und 1 Stunde ruhen lassen. Den Backofen auf 190 °C (Umluftherd 170 °C) vorheizen. Inzwischen in einer Schüssel sämtliche Füllungszutaten mit 2 Esslöffeln Wasser vermischen, sodass grobe Brösel entstehen.

Aus dem Teig 12 Kugeln von 5 cm Durchmesser formen. Einzeln auf der Handfläche flach drücken, bis die Mitte eine Vertiefung bildet. Jeweils 1 gehäuften Teelöffel der Füllung hineingeben, Teigränder darüber zusammendrücken und wieder zu einer Kugel rollen.

Die Kugeln auf einem gefetteten Blech 20 Minuten backen, dabei nach der Hälfte der Zeit umdrehen – sie sollen zuletzt goldbraun und leicht rissig sein. In das zerlassene *ghee* tunken und heiß genießen.

500 g Weizenmehl (Type 550)
1 TL Salz
2 TL Ingwer-Knoblauch-Paste*
1 TL grüne Chilipaste*
4 EL *ghee**
etwas zerlassenes *ghee** zum Eintunken oder Bestreichen

FÜLLUNG:
150 g *sattu**
50 g rote Zwiebel, fein gehackt
2 grüne Chilischoten, fein gehackt
1 EL Korianderblätter, fein gehackt
1 TL Kreuzkümmel, geröstet und zerstoßen
½ TL Ajowan (Ägyptischer Kümmel)
1 TL Ingwerwurzel, fein gehackt
½ TL Salz

KARJIKAI

Knusprige Gemüsetaschen KARNATAKA, SÜDINDIEN

Die Teigtaschen erinnern an *samosa*, einen in ganz Indien beliebten Snack, doch sind sie anders geformt und gewürzt. Besonders gut schmeckt dazu ein Gurkensalat (Rezept Seite 32).

Mehl und Salz in eine Schüssel sieben. 90 ml Wasser zugießen, alles vermischen und zuletzt das Öl einarbeiten, bis ein geschmeidiger Teig entsteht. In Klarsichtfolie einschlagen und 30 Minuten im Kühlschrank ruhen lassen.

Für die Füllung die Kartoffeln 5–7 Minuten in Salzwasser vorkochen. Abgießen, etwas abkühlen lassen und raspeln. Öl in einem Topf erhitzen und Kreuzkümmel mit Curryblättern 2 Minuten rösten. Chili und Ingwer sowie nach 1 Minute Möhren und Bohnen untermischen und unter Rühren 3 Minuten garen. Die gemahlenen Gewürze zufügen und 1 Minute mitbraten. Kartoffel und Erbsen untermischen und in 5–8 Minuten weich garen.

Aus dem Teig 12 Kugeln formen und einzeln zu 10 cm großen Kreisen ausrollen. Jeweils einen gehäuften Löffel der Füllung seitlich der Mitte darauf setzen. Die Teigränder mit Wasser bestreichen, die Kreise zu Halbmonden zusammenklappen und die Ränder gut zusammendrücken. Teigtaschen 15 Minuten ruhen lassen.

In einem geeigneten Topf reichlich Öl auf 170 °C erhitzen. Die Teigtaschen portionsweise in 3–5 Minuten goldgelb frittieren. Heiß servieren.

200 g Weizenmehl (Type 550)
½ TL Salz
3 EL Pflanzenöl
Pflanzenöl zum Frittieren

FÜLLUNG:
250 g Kartoffeln, geschält und geviertelt
Salz
2 EL Öl
½ TL Kreuzkümmel
6 Curryblätter
1 grüne Chilischote, fein gehackt
1 EL Ingwerwurzel, fein gehackt
100 g Möhren, geschält und gerieben
50 g grüne Bohnen, in kurze Stücke geschnitten
je ½ TL Koriander, Kurkuma und Kreuzkümmel (alles gemahlen)
½ TL Chilipulver
100 g frische Erbsen, enthülst

LUQMI

Würzige Lammfleischpasteten HYDERABAD, SÜDINDIEN

Der Name *luqmi* leitet sich vom arabischen *luqma* (Happen) ab. Dazu passt ein Mango-Maracuja-Chutney (Rezept Seite 140).

Mehl und Salz in eine Schüssel sieben. Mit dem Joghurt und 100 ml Wasser vermischen. *Ghee* oder Öl einarbeiten, bis ein geschmeidiger Teig entsteht. In Klarsichtfolie einschlagen und 30 Minuten im Kühlschrank ruhen lassen.

Für die Füllung das Hackfleisch mit Gewürzen, Ingwer-Knoblauch-Paste, Salz und 500 ml Wasser in einem Topf 30 Minuten köcheln lassen, bis es gar und die Mischung trocken ist. Das Öl in einem zweiten Topf erhitzen und die Chilis mit dem Koriander 1 Minute braten. Fleisch zufügen und 3–5 Minuten rühren. Zitronenschale und Saft untermischen. Vom Herd nehmen.

Den Teig in 16 Portionen teilen und zu Rechtecken von 15 cm Länge ausrollen. In die Mitte jeweils 2 Esslöffel der Füllung setzen. Die Teigränder mit Wasser bestreichen und so über die Füllung schlagen, dass Pasteten von etwa 7,5 x 4 cm entstehen. Ränder gut zusammendrücken.

In einem geeigneten Topf reichlich Öl auf 170 °C erhitzen. Pasteten portionsweise in 5–6 Minuten goldbraun frittieren. Heiß servieren.

250 g Weizenmehl (Type 550)
1 TL Salz
2 EL Joghurt
4 EL *ghee** oder Pflanzenöl
Pflanzenöl zum Frittieren

FÜLLUNG:
500 g mageres Hackfleisch vom Lamm
1 TL Chilipulver
½ TL gemahlene Kurkuma
1 EL Ingwer-Knoblauch-Paste*
½ TL Salz
3 EL Pflanzenöl
4 grüne Chilischoten, fein gehackt
2 EL Korianderblätter, gehackt
abgeriebene Schale und Saft von 2 Zitronen

NIZAMI SUBJ KATHI
Herzhafte Gemüserollen KALKUTTA, OSTINDIEN

In Kalkutta gehören diese Rollen zum typischen Repertoire der Straßenstände, aber genauso schmecken sie zu Hause als Imbiss oder Vorspeise. In ihrer ursprünglichen Zusammensetzung, die unter dem Einfluss der muslimischen Herrscher entstand, waren sie mit würzigem Fleisch und Gemüse gefüllt. Als Hülle dienten *roti*, große Brotfladen, die oft zunächst in einen Eierteig getaucht und in der Pfanne gebraten wurden, damit sie schön saftig blieben. Ebenso verlockend finde ich meine vegetarische Variante.

Zunächst für die Füllung das Öl in einer Schmorpfanne, einem Wok oder einer *karhai** erhitzen und den Kreuzkümmel braten, bis er knistert. Die Zwiebel mit Ingwer und Chili zufügen und sanft dünsten, bis sie weich und glasig ist. Dann die Möhre, Kohl und Pilze 1 Minute mitbraten. Die gemahlenen Gewürze und das Salz dazugeben und alles noch 2–3 Minuten garen, bis das Gemüse weich wird. Zuletzt den *paneer* zufügen. Die Pfanne vom Herd nehmen und, nachdem der Inhalt abgekühlt ist, Zitronensaft und gehackten Koriander untermischen.

Für den Teig das Mehl mit Salz, Gewürzen und gehacktem Koriander in einer Schüssel gründlich vermengen. Etwa 5–6 Esslöffel Wasser zugießen und gründlich einrühren – die fertige Mischung soll eine gleichmäßige, dickflüssige Konsistenz haben.

In einer großen Pfanne 3 Esslöffel Öl erhitzen. Die *chapati* einzeln in den Teig tauchen und von beiden Seiten jeweils etwa 1 Minute in der Pfanne braten. Anschließend nebeneinander auf eine saubere Arbeitsfläche legen.

In die Mitte jedes Fladens die gleiche Menge der Füllung geben und einige geröstete Paprikastreifen zufügen. Den Fladen zu einer Art Tüte aufrollen. Mit frischem Koriander garniert, nach Belieben warm oder kalt servieren. Ein Minze-Chutney (Rezept Seite 140) und ein frischer Salat (siehe unten) bilden die perfekte Ergänzung.

Gurken-Tomaten-Salat: Feine Gurken-, Zwiebel- und Tomatenstreifen mit Zitronensaft, einem Hauch Chilipulver und geröstetem Kreuzkümmel vermischen.

---

4 große *chapati* oder Tortillas
3 EL Pflanzenöl

FÜLLUNG:
60 ml Pflanzenöl
1 TL Kreuzkümmel
1 Ingwerwurzel, fein gestiftet
1 TL grüne Chilischote, gehackt
1 rote Zwiebel, in feine Ringe geschnitten
1 Möhre, fein gestiftet
100 g Weißkohl, in feine Streifen geschnitten
50 g Shiitake-Pilze, in Streifen geschnitten
1 TL Chilipulver
1 TL gemahlene Kurkuma
1 TL gemahlener Koriander
½ TL *garam masala**
½ TL Salz (oder nach Geschmack)
100 g *paneer**, in Streifen geschnitten
1 EL Zitronensaft
2 EL Korianderblätter, gehackt
100 g rote Paprikaschote, geröstet oder gegrillt und in feine Streifen geschnitten

TEIG:
50 g *gram flour**
¼ TL Salz
¼ TL Chilipulver
¼ TL gemahlene Kurkuma
1 EL Korianderblätter, gehackt

GARNITUR:
Korianderstängel

RAJMA KE GELAWATI
Küchlein aus roten Kidneybohnen NORDINDIEN

Erste Bekanntschaft mit diesen delikaten Küchlein machte ich in einer streng vegetarisch lebenden Familie in Varanasi (Benares) und war gleich so angetan, dass ich das Rezept erbat. Es ist überraschend unkompliziert.

Die Bohnen abtropfen lassen, mit Kardamom in einen Topf füllen und großzügig mit kaltem Wasser bedecken. Aufsetzen, 10 Minuten kochen und anschließend bei niedriger Temperatur noch etwa 1½ Stunden köcheln lassen, bis sie gar sind. Gesalzen wird erst gegen Ende des Garvorgangs.

Abseihen und mit Kreuzkümmel, Chilipulver und Kokosraspeln im Mixer oder in der Küchenmaschine zu einem glatten Püree verarbeiten. In eine Schüssel füllen.

Minze, Ingwer und Mangopulver untermischen. Zuletzt die Semmelbrösel untermengen und eventuell nachsalzen. Aus der Masse 1 cm dicke Küchlein von 5 cm Durchmesser formen. Auf einer Platte für 30 Minuten in den Kühlschrank stellen.

Eine beschichtete Pfanne erhitzen und das Öl hineingießen. Die Küchlein bei mittlerer Temperatur von beiden Seiten in 3–4 Minuten knusprig braun braten. Heiß mit Senf-Joghurt-Chutney (Rezept Seite 138) servieren.

- 250 g getrocknete rote Kidneybohnen, über Nacht in kaltem Wasser eingeweicht
- 1 schwarze Kardamomkapsel
- 1 TL Salz (oder nach Geschmack)
- 1½ TL Kreuzkümmel, geröstet und zerstoßen
- 1 TL Chilipulver
- 2 EL ungesüßte Kokosraspel, geröstet
- 2 EL Minzeblätter, gehackt
- 1 EL Ingwerwurzel, gehackt
- 1 TL Mangopulver* (siehe Stichwort Mango)
- 1 EL frische Semmelbrösel aus entrindetem Weißbrot vom Vortag
- 2 EL Pflanzenöl

ALOO TIKKI
Kartoffelküchlein LUCKNOW, NORDINDIEN

Chowk ki tikki heißt die bekannte kulinarische Meile in Lucknow. Während der Mogulherrschaft widmeten sich die in der Stadt residierenden *nawab* (Provinzgouverneure) vor allem der Förderung von Kunst, Kultur und Esskultur. So kann Lucknow sogar eine eigenständige Küche vorweisen, bekannt unter dem Namen *awadhi*. Am besten schmecken diese Küchlein mit Tomaten-Chutney (Rezept Seite 139), notfalls kann man sie aber auch mit Tomatenketchup reichen.

Kartoffeln 5–7 Minuten in Salzwasser vorkochen. Abgießen, etwas abkühlen lassen und raspeln. In einer Schüssel mit Gewürzen, Ingwer, Chili und Koriander vermischen. Mit Salz abschmecken.

Aus der Masse 1 cm dicke Küchlein von 5 cm Durchmesser formen und vorsichtig zusammendrücken. Auf einer Platte für 20 Minuten in den Kühlschrank stellen.

Eine beschichtete Pfanne erhitzen und das Öl hineingießen. Die Küchlein bei mittlerer Temperatur von beiden Seiten in 3–5 Minuten knusprig braun braten. Heiß mit dem Tomaten-Chutney servieren.

- 400 g Kartoffeln, geschält und geviertelt
- Salz
- 1½ TL Kreuzkümmel, geröstet und zerstoßen
- ½ TL Chilipulver
- 1 EL Ingwerwurzel, gehackt
- ½ TL grüne Chilischote, gehackt
- 2 EL Korianderblätter, gehackt
- 2 EL Pflanzenöl

SHAMMI KEBAB

Lammfleisch-Bohnen-Küchlein LUCKNOW, NORDINDIEN

Während die Herrscher von Hyderabad eine ganz eigene Version dieser Küchlein namens *sikampuri kebab* entwickelten, ersannen die *nawab* (Provinzgouverneure) von Lucknow immer wieder neue Variationen mit den interessantesten würzenden Zutaten. Hier ein einfaches, aber sehr köstliches Rezept, das durch 1 Teelöffel *kewra*-Blütenwasser*, das zusammen mit den gehackten Kräutern untergemischt wird, eine noch reizvollere Note gewinnt.

Das Fleisch mit Knoblauch, *bengal gram*, getrockneten Chilis, den ganzen Gewürzen, ½ Teelöffel Salz und 500 ml Wasser in einem Topf zum Kochen bringen. Anschließend bei verminderter Temperatur ohne Deckel etwa 40 Minuten köcheln lassen, bis Fleisch und Hülsenfrüchte gar sind und die Flüssigkeit verdampft ist. Etwas abkühlen lassen und in der Küchenmaschine oder im Mixer zu einer glatten Mischung verarbeiten.

In einer Schüssel mit Zwiebeln, Ingwer, grünen Chilis und gemahlenen Gewürzen gründlich vermengen. Mit Salz abschmecken und zuletzt die gehackten Kräuter gleichmäßig untermischen.

Aus der Masse 14–18 kleine Küchlein formen. Auf einer Platte für 30 Minuten in den Kühlschrank stellen.

Das Öl in einer beschichteten Pfanne bei mittlerer Temperatur erhitzen. Die Küchlein portionsweise von beiden Seiten etwa 2–3 Minuten braten. Mit frischem Koriander garnieren und heiß servieren. Dazu reichen Sie ein Minze-Chutney (Rezept Seite 140) und ein Mango-Chutney (Rezept Seite 140), auf das Sie zusätzlich feine Mangoraspeln streuen.

500 g mageres Hackfleisch vom Lamm
5 Knoblauchzehen, geschält
100 g *bengal gram**
4 getrocknete rote Chilischoten
6 schwarze Pfefferkörner
2 schwarze Kardamomkapseln
2,5 cm Zimtstange oder Kassiarinde
1 TL Salz (oder nach Geschmack)
100 g Zwiebeln, fein gehackt
1 EL Ingwerwurzel, fein gehackt
5 grüne Chilischoten, fein gehackt
1 TL *garam masala**
½ TL gemahlene Muskatblüte (Macis)
½ TL gemahlener grüner Kardamom
2 EL Minzeblätter, gehackt
2 EL Korianderblätter, gehackt
150 ml Pflanzenöl zum Braten

GARNITUR:
Korianderstängel
etwas unreife Mango, geraspelt

MURG KALEJI MASALA

Gebratene Hühnerleber PUNJAB, NORDINDIEN

Vor allem abends erfreut sich im Punjab gebratene Hühnerleber zu einem Drink etwa der gleichen Beliebtheit wie Foie gras in Frankreich. Ich serviere sie gern in gerösteten *pappadum*, begleitet von einem schlichten Gurken-Tomaten-Salat (Rezept Seite 20).

Die Hühnerleber in 2–3 cm große Würfel schneiden. Öl in einer Schmorpfanne erhitzen und den Kreuzkümmel anbraten, bis er knistert. Ingwer und anschließend die Zwiebel zufügen. Sobald sie weich wird, das Fleisch zufügen und 1 Minute anbraten. Dann Pilze dazugeben und 2 Minuten mitbraten. Die gemahlenen Gewürze und nach 30 Sekunden die Tomate zufügen. Alles salzen, noch 1 Minute garen und zuletzt den Limettensaft einrühren. Die Pfanne vom Herd nehmen.

Das Gericht mit dem Koriander bestreuen und servieren.

200 g Hühnerleber, küchenfertig
1 EL Pflanzenöl
1 TL Kreuzkümmel
1 EL Ingwerwurzel, fein gehackt
50 g Zwiebel, fein gehackt
60 g Champignons, geviertelt
¼ TL gemahlene Kurkuma
½ TL Chilipulver
½ TL gemahlener Koriander
1 kleine Tomate, Samen entfernt, gehackt
½ TL Salz (oder nach Geschmack)
1 EL Limettensaft
1 EL Korianderblätter, gehackt

PASTEIS DE OSTRAS
Austern im Blätterteigmantel GOA, WESTINDIEN

In Goa bekommt man diese Pasteten mit köstlichen Füllungen aus Fleisch, Fisch oder Gemüse. Mit einem Tomaten-Chutney (Rezept Seite 139) oder würzigem Ketchup schmecken sie besonders gut.

Für die Füllung das Öl in einer Schmorpfanne erhitzen und die Zwiebel weich dünsten. Ingwer-Knoblauch-Paste 1–2 Minuten mitbraten, dann Chilis und Kurkuma zufügen und alles noch 1 Minute braten.

Paprikaschoten dazugeben, salzen und, sobald sie weich werden, Austernsaft und Wein dazugießen. Wenn die Flüssigkeit verdampft ist, die Austern zufügen und 1 Minute braten. Die Pfanne vom Herd nehmen und die Füllung abkühlen lassen.

Den Backofen auf 200 °C (Umluftherd 180 °C) vorheizen. Den Teig 5 mm dick ausrollen und 4 Kreise von 12 cm Durchmesser ausschneiden (als Schablone eignet sich eine Untertasse). Jeweils ein Viertel der Füllung auf eine Seite der Kreise geben. Die Teigränder mit dem Ei bestreichen, die Kreise zu Halbmonden zusammenklappen und die Ränder gut zusammendrücken. Die Pasteten mit Ei bestreichen und 8–12 Minuten backen, bis sie locker aufgegangen und goldbraun sind.

Mit den Frühlingszwiebeln anrichten und warm servieren. Das Tomaten-Chutney und eventuell ein Blattsalat runden den Genuss ab.

375 g fertig gekaufter Blätterteig
1 kleines Ei, mit 1 TL Wasser verquirlt

FÜLLUNG:
1 EL Pflanzenöl
1 große Zwiebel, gehackt
2 TL Ingwer-Knoblauch-Paste*
1 TL grüne Chilischoten, gehackt
½ TL gemahlene Kurkuma
60 g rote und grüne Paprikaschoten, gehackt
½ TL Salz
400 g Austern, ausgelöst (den Saft auffangen)
2 EL trockener Weißwein

GARNITUR:
Frühlingszwiebeln, in feine Streifen geschnitten

FOFOS
Fischkroketten aus Goa GOA, WESTINDIEN

Ursprünglich wurden die von den Portugiesen eingeführten Leckerbissen mit Klippfisch zubereitet. Ich nehme meist frischen Kabeljau oder Heilbutt, aber Sie können auch jeden anderen frischen, festfleischigen Fisch oder Garnelen verwenden.

Fisch in einem flachen Topf in der Brühe etwa 10 Minuten sanft pochieren, bis er eben gar ist. Abgießen (3 Esslöffel des Suds auffangen) und zerpflücken, dabei die restlichen Gräten entfernen. Die Kartoffel 5–7 Minuten in Salzwasser vorkochen. Abgießen, etwas abkühlen lassen und raspeln.

Fisch, Kartoffel, Zwiebel, Chili, Ingwer, Kreuzkümmel und Koriander in einer Schüssel gründlich vermengen. Die Maisstärke darüber stäuben und untermischen. Den Sud, Salz und Pfeffer nach Geschmack und das Eigelb zufügen und alles vermischen. Aus der Masse 16 kleinere Rollen formen.

In einem geeigneten Topf reichlich Öl auf 180 °C erhitzen. Das Eiweiß schlagen, die Rollen darin wenden und in etwa 2 Minuten goldgelb frittieren. Auf Küchenpapier abtropfen lassen und heiß mit dem Tomaten-Chutney (Rezept Seite 139) servieren.

500 g Kabeljau- oder Heilbuttfilet
400 ml Fischbrühe zum Pochieren
1 mittelgroße Kartoffel, geschält und geviertelt
Salz und schwarzer Pfeffer
1 rote Zwiebel, fein gehackt
1 grüne Chilischote, gehackt
1 EL Ingwerwurzel, gehackt
1 TL Kreuzkümmel, geröstet
1 EL Korianderblätter, gehackt
1½ EL Maisstärke
1 Ei, getrennt
Pflanzenöl zum Frittieren

VAINGAN KATRI
Gefüllte Auberginenmedaillons GUJARAT, WESTINDIEN

Von den diversen regionalen Varianten dieses Rezepts, die ich probiert habe, gefällt mir die aus Gujarat am besten. Suchen Sie Auberginen von mittlerem Durchmesser aus, denn zu große Scheiben lassen sich schwerer verarbeiten.

Aus der oder den Aubergine(n) dort, wo sie den größten Umfang haben, vier Scheiben von jeweils 2 cm Dicke herausschneiden. In der Mitte bis 1 cm vor dem Rand das Fruchtfleisch so herauslösen, dass eine Mulde entsteht. Mit Salz bestreuen und 30 Minuten ruhen lassen – so werden die Bitterstoffe herausgeschwemmt.

Inzwischen für die Füllung die Kartoffeln in gleich große Stücke schneiden und 5–7 Minuten in Salzwasser vorkochen. Abgießen, etwas abkühlen lassen und fein reiben.

In einer Schmorpfanne, einem Wok oder einer *karhai** 3 Esslöffel Öl erhitzen und Asafötida einstreuen. Sobald es brutzelt, Knoblauch, Chili und Kreuzkümmel dazugeben und 1–2 Minuten braten, bis der Knoblauch eine hellgelbe Farbe annimmt und die Gewürzsamen knistern.

Die Möhre und den Blumenkohl zufügen und 5 Minuten mitbraten. Dann den gemahlenen Koriander, Chilipulver und Kurkuma einrühren, nach 30 Sekunden gefolgt von Kartoffeln, Zucker und Ingwer. Alles salzen und 12–15 Minuten weitergaren, bis das Gemüse weich ist. Vom Herd nehmen und den gehackten Koriander untermischen.

Die Auberginenscheiben behutsam kalt abspülen und mit Küchenpapier trockentupfen. Auf ein Schneidebrett legen und mit der vorbereiteten Gemüsemischung füllen. In einer beschichteten Pfanne nur so viel Öl erhitzen, dass es den Boden als dünner Film überzieht. Die Auberginenscheiben mithilfe eines Fischhebers in die Pfanne legen und von beiden Seiten in etwa 1½ Minuten goldbraun braten. Auf Küchenpapier abtropfen lassen.

Mit Korianderstängeln garnieren und, begleitet von Senf-Joghurt-Chutney (Rezept Seite 138), warm servieren.

---

400 g Auberginen
¼ TL Salz

FÜLLUNG:
200 g Kartoffeln, geschält und geviertelt
Salz
3 EL Pflanzenöl
1 Prise Asafötida*
1 TL Knoblauch, gehackt
1 grüne Chilischote, gehackt
1 TL Kreuzkümmel
50 g Möhre, geraspelt
50 g Blumenkohl, gehackt
2 TL gemahlener Koriander
½ TL Chilipulver
½ TL gemahlene Kurkuma
½ TL brauner Zucker oder *jaggery**
1 EL Ingwerwurzel, gehackt
3 EL Korianderblätter, gehackt

GARNITUR:
Korianderstängel

TANDOORI PANEER AUR HARI GOBI
Gebackener Paneer und Brokkoli NORDINDIEN

In Indien steht das Grillen als Garmethode ganzjährig hoch im Kurs. Im Punjab kann man an Sommerabenden beziehungsweise im Winter am Nachmittag in vielen Dörfern Einheimische beobachten, die unterwegs sind zum gemeinschaftlich genutzten *tandoor**, um ihre fertig vorbereiteten Brote, aber auch mariniertes Fleisch oder Gemüse dort zu backen. Genauso gut lässt sich dieses Gericht im normalen Backofen oder auf einem Holzkohlengrill zubereiten. Eigentlich sieht das traditionelle Rezept Blumenkohl vor, doch habe ich mich wegen der Farbe für Brokkoli entschieden.

Zunächst für die Mehlschwitze das Öl in einem schweren Topf erhitzen. Mehl einstreuen und unter ständigem Rühren etwa 3 Minuten sanft anschwitzen. Es darf nicht braun werden. Vom Herd nehmen.

Den Käse in 4 cm große und 1 cm dicke Scheiben schneiden und in eine flache Schüssel legen. Die Zutaten für die *paneer*-Marinade in eine Schüssel füllen. 2 Esslöffel der Mehlschwitze zufügen und alles mit einem Schneebesen gründlich verrühren. Mit einem Löffel über dem Käse verteilen und die Scheiben wenden, bis sie gleichmäßig überzogen sind. An einem kühlen Platz 2 Stunden marinieren.

Den Brokkoli in große Röschen teilen und in eine Schüssel füllen. Die Zutaten für die Brokkoli-Marinade mit 1 Esslöffel der Mehlschwitze im Mixer zu einer glatten Mischung pürieren. Mit einem Löffel über dem Brokkoli verteilen und die Röschen wenden, bis sie gleichmäßig überzogen sind. An einem kühlen Platz 1 Stunde marinieren.

Den Backofen auf 200 °C (Umluftherd 180 °C) vorheizen. Den *paneer* und den Brokkoli in separaten ofenfesten Formen 8–15 Minuten backen, bis der Käse goldbraun und der Brokkoli gar ist, dabei gelegentlich mit der Öl-Butter-Mischung beträufeln.

Die Zutaten nebeneinander auf vorgewärmten Tellern anrichten. Mit *chat masala* bestreuen und mit Limettensaft beträufeln. Zuletzt noch mit Salatblättern und Apfelscheiben garnieren und dann sofort servieren. Minze-Chutney (Rezept Seite 140) dazu reichen.

200 g *paneer**
250 g Brokkoli
100 ml Öl und zerlassene Butter, gemischt, zum Bestreichen

MEHLSCHWITZE:
3 EL Pflanzenöl
3 EL *gram flour**

PANEER-MARINADE:
100 g Joghurt
30 ml Crème double
1 TL *garam masala**
1 TL gemahlener Koriander
1 TL gemahlene Kurkuma
½ TL Chilipulver
2 EL Minzeblätter, fein gehackt
1 EL Ingwerwurzel, fein gehackt
1 TL Kreuzkümmel, geröstet und zerstoßen
¼ TL Safranfäden*

BROKKOLI-MARINADE:
30 g Knoblauch, geschält
50 g Cheddar, gerieben
4 grüne Chilischoten, grob gehackt
½ TL Salz
100 ml Crème double

GARNITUR:
½ TL *chat masala** (oder nach Geschmack)
Limettensaft zum Beträufeln
Salatblätter und Apfelscheiben

TANDOORI SUBJ CHAT

Gegrillte Frucht-Gemüse-Spieße NORDINDIEN

Acht von zehn Indern ernähren sich vegetarisch. Entsprechend vielfältig ist die fleischlose Küche des Landes. Die Zubereitung von Gemüse und Früchten im *tandoor** oder auf einem Holzkohlengrill ist in Nordindien sehr gebräuchlich. Ich bereite die Spieße unter dem Elektrogrill zu. Sie können sie auch anschließend einige Minuten ruhen lassen, die Stücke dann herunterstreifen und in einer Schüssel mit einer Hand voll Blattsalat sowie feinen Stiften von Möhren und Daikon-Rettich *(mooli)* mischen (siehe Foto). Exzellent schmeckt dazu ein Minze-Chutney (Rezept Seite 140).

Sämtliche Marinadezutaten in einer Schüssel gründlich vermischen.

Paprikaschoten aufschneiden, Samen und Scheidewände entfernen, die Stücke jeweils halbieren. Die Karambole in 1 cm dicke Scheiben schneiden. Äpfel und die Birne vierteln und vom Kerngehäuse befreien. Anschließend zusammen mit der Banane und dem Käse (falls verwendet) in 4 cm große Stücke schneiden.

Früchte, Paprika, Zwiebel und eventuell den Käse zur Marinade geben und gründlich durchmischen. An einem kühlen Platz 30 Minuten ziehen lassen.

Den Grill auf mittlerer bis hoher Stufe vorheizen. Die Zutaten abwechselnd auf Spieße stecken. 5–7 Minuten grillen und dabei gelegentlich wenden, bis sie leicht gebräunt sind.

Mit *chat masala* bestreuen, mit Zitronensaft beträufeln und heiß servieren.

2 rote Paprikaschoten
1 Karambole (Sternfrucht)
1 roter Apfel
1 Granny Smith
1 Birne
1 Banane
1 kleine rote Zwiebel, geschält und in feine Ringe geschnitten
100 g *paneer** (nach Belieben)

MARINADE:
3 EL Limettensaft
1 EL Kreuzkümmel, geröstet und zerstoßen
1 TL Chiliflocken, zerstoßen
1 EL *chat masala**
1 TL gemahlene Granatapfelkerne*
1/2 TL Salz (oder nach Geschmack)
100 g blanchierte Mandeln, zerstoßen
150 g Joghurt
1 EL grüne Chilischoten, gehackt
2 EL Ingwerwurzel, gehackt
3 EL Pflanzenöl

VELLARIKKAI KOSUMALLI

Gurkensalat TAMIL NADU, SÜDINDIEN

Für das heiße Klima Südindiens ist dieser Salat ideal: leicht gewürzt, sehr nahrhaft und höchst erfrischend. Exzellent als Vorspeise, aber auch fast immer passend als Beilage (siehe Foto Seite 18).

Die Gurke längs halbieren und die Samen herauskratzen. In lange, schmale Streifen schneiden und in einer Schüssel mit den Sprossen, den Kokosraspeln, der grünen Chilischote, dem Koriander, der Schale und dem Saft der Zitrone und dem Salz vermischen.

In einer Schmorpfanne das Öl erhitzen. Senfsamen, *black gram* und *bengal gram*, Asafötida, getrocknete Chili und Curryblätter 1–2 Minuten braten, bis die Mischung knistert. Gründlich unter den Salat mischen und diesen gekühlt servieren.

1 große Salatgurke
2 EL gemischte Bohnensprossen
2 EL Kokosnuss*, frisch gerieben
1 grüne Chilischote, gehackt
2 EL Korianderblätter, gehackt
abgeriebene Schale und Saft von 1 Zitrone
1/4 TL Salz (oder nach Geschmack)
2 TL Pflanzenöl
1 TL Senfsamen
je 1 TL *black gram** und *bengal gram**
1/4 TL Asafötida*
1/2 TL getrocknete rote Chilischoten, zerstoßen
8 Curryblätter

VORSPEISEN UND SNACKS 35

SUNDAL
Kichererbsen-Mango-Kokosnuss-Salat TAMIL NADU, SÜDINDIEN

Vor allem an den Stränden von Chennai (Madras), aber auch an Imbissständen andernorts wird dieser herzhafte Salat angeboten. Oft ersetzen getrocknete Erbsen die Kichererbsen oder andere Früchte die Mango und manchmal sind auch Erdnüsse enthalten.

Die Kichererbsen abseihen. Mit 1 l frischem Wasser in einem Topf zum Kochen bringen und dann etwa 2 Stunden köcheln lassen, bis sie gar sind – dabei nach 1¾ Stunden ½ Teelöffel Salz zufügen. Abseihen.

Das Öl in einer Schmorpfanne erhitzen. Senfsamen und *black gram* 1–2 Minuten braten, bis die Mischung knistert. Dann die getrocknete Chili, Asafötida und Curryblätter zufügen und alles noch 1 Minute braten.

Kichererbsen dazugeben, 2–3 Minuten rühren und die Pfanne vom Herd nehmen. Kokosraspeln, grüne Chili, Mango, Pflaumen (falls verwendet) sowie Schale und Saft der Zitrone untermischen. Den Salat abschmecken und zuletzt mit dem gehackten Koriander würzen.

Den Salat mit Mangoscheiben und Korianderstängeln garniert, warm oder kalt servieren.

250 g Kichererbsen, über Nacht in kaltem Wasser eingeweicht
½ TL Salz (oder nach Geschmack)
2 TL Erdnussöl
1 TL Senfsamen
1 TL *black gram**
1 getrocknete rote Chilischote
¼ TL Asafötida*
1 TL Curryblätter, gehackt
2 EL Kokosnuss*, frisch gerieben
1 grüne Chilischote, fein gehackt
½ unreife Mango, geschält und gestiftelt
2 Pflaumen, entsteint und gehackt (nach Belieben)
abgeriebene Schale und Saft von 1 Zitrone
1 EL Korianderblätter, gehackt
einige Scheiben Mango
einige Stängel Koriander

JAL TARANG
Salat mit Jakobsmuscheln und Garnelen OSTINDIEN

Speziell für mein Restaurant habe ich diesen leichten, delikaten Salat mit fruchtigem Dressing kreiert. Die Verwendung der Gewürze ist typisch für die ostindische Küche.

Für das Dressing sämtliche Zutaten im Mixer oder in der Küchenmaschine fein pürieren. Beiseite stellen.

Die Garnelen schälen und vom Darm befreien. Muscheln vom Corail befreien (diesen evtl. anderweitig verwenden). Alle Meeresfrüchte waschen und mit Küchenpapier trockentupfen.

Das Öl in einer Schmorpfanne erhitzen. Sesam, Schwarzkümmel und Ajowan 2 Minuten braten, bis die Samen knistern. Ingwer und Paprikapulver zufügen. Sobald der Ingwer aromatisch duftet, die Garnelen dazugeben und 3–4 Minuten braten, bis sie fast gar sind. Das Ganze in eine Schüssel füllen.

Die Muscheln in die Pfanne geben und 1 Minute braten, bis sie leicht karamellisieren. Wenden, von der zweiten Seite ebenfalls 1 Minute braten und dann mit der Hälfte des Dressings zu den Garnelen geben. Alles vermischen und 2 Minuten durchziehen lassen. Inzwischen die Gemüsestifte und die Rucolablätter mit 1 Esslöffel des Dressings vermischen. Den Salat mit den Meeresfrüchten auf einer Platte anrichten. Mit den Kürbiskernen und Mohnsamen bestreuen. Das restliche Dressing separat dazu reichen.

16 rohe Riesengarnelen
12 große Jakobsmuscheln, küchenfertig
20 ml Pflanzenöl, bevorzugt Olivenöl
je ½ TL Sesamsamen, Schwarzkümmel, Ajowan
1 EL Ingwerwurzel, gestiftelt
¼ TL Paprikapulver
1 Hand voll Möhren, Daikon-Rettich und Rote Bete, gestiftelt
1 Hand voll Rucolablätter
1 EL Kürbiskerne, leicht geröstet
1 EL weiße und schwarze Mohnsamen, geröstet

DRESSING:
Je 100 g kernlose helle und dunkle Trauben
50 g Minzeblätter
20 g frische Ingwerwurzel, grob gehackt
2 kleine grüne Chilischoten, grob gehackt
½ TL Salz (oder nach Geschmack)
1 TL Mangopulver* oder *chat masala**
20 ml Pflanzenöl, bevorzugt Olivenöl

JHINGA TIL TINKA
Frittierte Riesengarnelen in Nudel-Sesam-Kruste   NORDINDIEN

Mit einem Apfel-Chutney (Rezept Seite 141) als Appetizer, mit einem Gurken-Tomaten-Salat (Rezept Seite 20) als Vorspeise oder als Garnitur auf einem Salat aus Krabbenfleisch (siehe Rezept unten) – diese knusprig umhüllten, saftigen Garnelen sind ideale Partyhappen und stets ein Erfolg.

Die Garnelen bis auf den Schwanzfächer schälen. Vom Darm befreien, waschen und mit Küchenpapier trockentupfen. Sämtliche Marinadezutaten in einer Schüssel gründlich vermischen. Die Garnelen darin wenden und an einem kühlen Platz 45 Minuten marinieren.

Für die Kruste auf einem Teller die Nudeln mit dem Sesam vermischen. Die Garnelen aus der Marinade nehmen und in die Nudel-Sesam-Mischung drücken, bis sie gleichmäßig überzogen sind. Anschließend 5 Minuten ruhen lassen.

In einem geeigneten Topf reichlich Öl auf 180 °C erhitzen. Die Garnelen portionsweise 2–3 Minuten frittieren, bis sie von einer knusprigen, goldbraunen Kruste überzogen sind. Mit einer der oben empfohlenen Beilagen servieren oder als Garnitur für den nachfolgenden Salat verwenden.

8 Riesengarnelen
2 EL Sesamsamen
50 g Fadennudeln (Vermicelli), in kleine Stücke gebrochen
Pflanzenöl zum Frittieren

MARINADE:
2 Knoblauchzehen, zerdrückt
½ TL Chilipulver
abgeriebene Schale und Saft von 1 Zitrone
3 EL Joghurt
1 EL Ingwerwurzel, gehackt
30 g Cheddar, gerieben
1 TL Ajowan (Ägyptischer Kümmel)
2 EL Sahne
1 EL *gram flour**, geröstet
¼ TL gemahlener grüner Kardamom
1 TL Salz

SALADA DE CARANGUEJOS
Salat von Krabbenfleisch mit Kokosnuss   GOA, WESTINDIEN

In allen indischen Küstenregionen weiß man mit Meeresfrüchten hervorragend umzugehen. Die Zubereitungstechniken variieren dabei genauso wie die würzenden Zutaten, fast immer aber sind Curryblätter, frische Kokosnuss, grüne Chilis und Senfsamen beteiligt.

Das Öl in einer Schmorpfanne, einem Wok oder einer *karhai** erhitzen und die Senfsamen anbraten, bis sie knistern. Curryblätter zufügen und 1–2 Minuten mitbraten. Ingwer und Chilis untermischen und 2 Minuten rühren.

Nun die Zwiebeln dazugeben und glasig werden lassen. Dann das Krabbenfleisch und nach einigen Sekunden Kurkuma mit Salz einrühren. Alles 2 Minuten braten. Zuletzt Kokosmilch, Kokosraspel und den Koriander untermischen. Das Ganze abkühlen lassen.

Den Salat kalt mit Mango-Maracuja-Chutney oder Kumquat-Chutney (Rezepte Seite 140 und 141) servieren.

3 EL Pflanzen- oder Kokosöl
1½ TL Senfsamen
10 Curryblätter, fein gehackt
1 TL Ingwerwurzel, fein gehackt
½ TL grüne Chilischoten, fein gehackt
100 g Zwiebeln, fein gehackt
300 g helles Krabbenfleisch, zerpflückt
1 TL gemahlene Kurkuma
½ TL Salz (oder nach Geschmack)
3 EL Kokosmilch*
1 EL Kokosnuss*, frisch gerieben
1 TL Korianderblätter, gehackt

Variante: Für eine besonders edle Präsentation bringen Sie den Salat mit Metallringen in Form und krönen jede Portion mit einer frittierten Garnele in Nudel-Sesam-Kruste (Rezept siehe oben), garniert mit einem Korianderstängel.

FISCH UND MEERESFRÜCHTE

An die 8000 Küstenkilometer und warme Gewässer bescheren Indien exotische Fische und Meeresfrüchte vom Feinsten. Auch in kleinen Dörfern entlang der Küste wird Fisch an Straßenständen angeboten, auf den riesigen Fischmärkten größerer Städte hat man die Qual der Wahl. Was ich in einfachsten Restaurants an Fisch und Meeresfrüchten aufgetischt bekam, war oft an Köstlichkeit kaum zu überbieten. Eine Tour entlang der Küste von Mumbai (Bombay) bis Kalkutta gleicht einem großen kulinarischen Abenteuer, da die Gerichte von einem Staat zum nächsten immer wieder variieren.

MEEN MOLEE
Fischcurry mit Kokosmilch KERALA, SÜDINDIEN

Von der Südwestküste stammt dieses einfache Rezept – eine überzeugende Kostprobe der minimalistischen Küche Indiens.

Den Fisch mit einer Pinzette von letzten kleinen Gräten befreien, anschließend mit einer Mischung aus ½ Teelöffel Salz und 1 Teelöffel Kurkuma behutsam einreiben.

Das Öl in einem großen Topf erhitzen. Zwiebeln, Chilis und Knoblauch einige Minuten braten, dann Curryblätter zufügen und alles weiterbraten, bis die Zwiebeln glasig werden. Die Hälfte der Curryblätter herausnehmen und zum Garnieren beiseite legen.

Je ½ TL Salz und Kurkuma in den Topf geben und die Kokosmilch zugießen. Sobald sie richtig heiß ist, den Fisch hineinlegen und 3–4 Minuten ganz sanft köcheln lassen, bis er eben gar ist. Mit den reservierten Curryblättern und dem Koriander garniert sofort servieren.

4 kleine Wolfsbarschfilets à etwa 125 g
1 TL Salz (oder nach Geschmack)
1½ TL gemahlene Kurkuma
2 EL Kokosöl
2 mittelgroße Zwiebeln, in feine Ringe geschnitten
6 grüne Chilischoten, längs aufgeschlitzt
3 Knoblauchzehen, in feine Streifen geschnitten
20 Curryblätter
400 ml Kokosmilch*

GARNITUR:
Korianderstängel

HARI MACHCHI
Petersfisch mit grüner Würzpaste und Spinat OSTINDIEN

Seit jeher mag ich einfache Geschmackskombinationen und unkomplizierte Rezepte. Dieses Fischgericht habe ich während meiner Tätigkeit im Oberoi-Hotel in Orissa entwickelt.

Den Fisch in einer flachen Schüssel mit dem Zitronensaft beträufeln, mit dem Salz bestreuen und 15 Minuten marinieren.

Inzwischen sämtliche Zutaten für die grüne Würzpaste im Mixer fein pürieren.

Die Fischfilets mit Küchenpapier trockentupfen und großzügig mit der Würzpaste bestreichen, die Sie dann mit den Fingern gleichmäßig einmassieren. Für 40 Minuten in den Kühlschrank stellen. Inzwischen den Spinat waschen, gut abtropfen lassen und in feine Streifen schneiden. Ebenfalls mit Küchenpapier gründlich trockentupfen.

Das Öl in einer Pfanne erhitzen. Den Fisch aus der Marinade nehmen, den Überschuss abtropfen lassen und die Filets mit der Hautseite nach oben 2 Minuten braten. Wenden und von der zweiten Seite weitere 2–3 Minuten braten. Herausnehmen und auf Küchenpapier abtropfen lassen.

Gleichzeitig das Öl zum Frittieren in einem hohen Topf oder der Fritteuse auf 180 °C erhitzen. Den Spinat portionsweise in etwa 30 Sekunden knusprig frittieren. Sobald er nicht mehr knistert, mit einer Schaumkelle herausnehmen und auf Küchenpapier abtropfen lassen.

Den Fisch und darauf den Spinat auf vorgewärmten Tellern anrichten. Mit dem *chat masala* bestreuen und servieren.

4 Petersfischfilets à etwa 150 g
2 EL Zitronensaft
½ TL Salz
4 EL Pflanzenöl

GRÜNE WÜRZPASTE:
50 g Minzeblätter
50 g Korianderblätter
10 g Ingwerwurzel, gehackt
2 grüne Chilischoten, entstielt
1½ TL Bockshornkleeblätter, gemahlen*
2 TL *chat masala**
1 TL Chilipulver
½ TL Salz
2 EL *gram flour**

FRITTIERTER SPINAT:
200 g Spinatblätter
Pflanzenöl zum Frittieren

GARNITUR:
1 TL *chat masala**

MEEN DAKSHINI
Fischcurry aus Deccan ANDHRA PRADESH, SÜDINDIEN

Rote Meerbarben sind eine gute Alternative für den *murrel*, **einen einheimischen Fisch, mit dem man dieses Curry in Andhra Pradesh zubereitet. Wie in Ostindien üblich, ist die ausgewogene Kombination von Würzzutaten sehr pikant.**

Die Fische durch die Mittelgräte in etwa 4 cm dicke Tranchen schneiden (die Köpfe nach Belieben mitverwenden). Die Ingwer-Knoblauch-Paste mit Salz, Chilipulver und Kurkuma vermischen und den Fisch behutsam damit einreiben. Mindestens 30 Minuten im Kühlschrank marinieren. Inzwischen das Tamarindenmark in 200 ml warmem Wasser 20 Minuten einweichen, danach durch ein feines Sieb streichen.

Das Öl in einer Pfanne erhitzen und 10 Curryblätter knusprig braten, herausnehmen und zum Garnieren beiseite legen. Den Kreuzkümmel und die Senfsamen in der Pfanne braten, bis sie knistern. Die Zwiebeln mit den übrigen Curryblättern zufügen und, sobald sie weich und goldgelb sind, den Fisch mit den Chilis dazugeben. Alles sanft braten, bis die Chilis weich werden, dabei den Fisch einmal wenden. Das Tamarindenwasser zugießen und den Fisch in 3–5 Minuten sanft köchelnd fertig garen. Mit den Curryblättern und dem Koriander bestreuen und mit Fladenbrot oder Reis servieren.

4 kleine Rote Meerbarben à etwa 300 g, geschuppt und küchenfertig vorbereitet
2 TL Ingwer-Knoblauch-Paste*
½ TL Salz
1 TL Chilipulver
¼ TL gemahlene Kurkuma
1 EL Tamarindenmark*
3 EL Sonnenblumen- oder Pflanzenöl
20 Curryblätter
1 TL Kreuzkümmel
½ TL schwarze Senfsamen
2 mittelgroße Zwiebeln, in feine Ringe geschnitten
4 grüne Chilischoten, in feine Ringe geschnitten
1 TL Korianderblätter, gehackt

DOI MAACH
Würziger Fisch in Joghurtsauce BENGALEN, OSTINDIEN

Bengalische Küche par excellence: Der Fisch wird in Joghurt gegart, der unter der Hitzeeinwirkung ausflockt – ein typisches Merkmal dieses Gerichts. Traditionsgemäß wird es mit Karpfen zubereitet. Ich nehme Petersfisch oder Seezunge, aber auch Kabeljau oder Rote Meerbarbe sind geeignet.

Den Fisch in einer flachen Schüssel mit je ¼ Teelöffel Kurkuma und Salz bestreuen. Die Ingwer-Knoblauch-Paste und den Zitronensaft darüber verteilen. Etwa 20 Minuten im Kühlschrank marinieren. Anschließend dünn mit dem Mehl bestäuben.

Das Öl in einer Pfanne erhitzen und die Filets von beiden Seiten in etwa 1 Minute goldbraun anbraten. Mit einem Fischheber herausnehmen.

Die ganzen Gewürze in die Pfanne geben. Nach 1–2 Minuten die Zwiebel untermischen und braten, bis sie weich wird und bräunt. Das Chilipulver mit ¼ Teelöffel Kurkuma unterrühren. Den Joghurt, ¼ Teelöffel Salz und 100 ml Wasser zufügen. Das Ganze unter Rühren erhitzen, bis es köchelt.

Die Fischfilets einlegen und in 3 Minuten fertig garen. Mit *garam masala* und Koriander bestreuen und mit gekochtem Reis servieren.

4 Petersfisch- oder Seezungenfilets à etwa 150 g
½ TL gemahlene Kurkuma
½ TL Salz
½ TL Ingwer-Knoblauch-Paste*
½ TL Zitronensaft
1 EL *gram flour** (zum Bestäuben)
2 EL Pflanzenöl
1 Lorbeerblatt
½ TL Koriandersamen
1 getrocknete rote Chilischote
2 Gewürznelken
2 grüne Kardamomkapseln
5 cm Zimtstange oder Kassiarinde
1 mittelgroße Zwiebel, fein gehackt
1 TL Chilipulver
300 g Joghurt, leicht cremig gerührt
garam masala* zum Bestreuen
1 TL Korianderblätter, gehackt

TENGA

Fischcurry süßsauer ASSAM, OSTINDIEN

Das Originalrezept sieht *rohu* vor, eine Karpfenart, die im Brahmaputra vorkommt. Red Snapper macht dieses Curry aus Assam zu einem ganz besonderen Genuss. Der im Nordosten Indiens gelegene Bundesstaat Assam erzeugt selbst Gewürze wie Kurkuma, Anissamen und Galgant. Seine Nähe zu Myanmar erklärt hingegen den Gebrauch südostasiatischer Zutaten wie Limettenblätter, Sternanis und Bambussprossen in diesem Gericht. Letztere dürfen ruhig aus der Dose stammen, obwohl man in Assam wohl eher fermentierte Bambussprossen *(kharisa)* verwenden würde.

Die Fischsteaks in eine flache Schüssel legen. Sämtliche Marinadezutaten vermischen und den Fisch gleichmäßig damit einreiben. An einem kühlen Platz 30 Minuten marinieren.

Das Öl in einer großen Pfanne erhitzen und den Fisch von beiden Seiten etwa 1 Minute anbraten, bis er etwas Farbe annimmt. Mit einem Fischheber herausnehmen und auf einem Teller beiseite stellen.

Für die Sauce den Sternanis, den Schwarzkümmel und die Fenchelsamen im Öl, das sich noch in der Pfanne befindet, einige Minuten braten, bis die Gewürzsamen wie Popcorn springen. Die Zwiebeln untermischen und braten, bis sie weich und goldgelb sind.

Die gemahlenen Gewürze zufügen und 1 Minute rühren. Dann das Salz, den Zucker und die Bambussprossen dazugeben, gefolgt von den Limettenblättern, dem Zitronensaft und 200 ml Wasser. Alles zum Kochen bringen und anschließend einige Minuten köcheln lassen.

Die Fischsteaks mit den Tomatenscheiben in die Sauce geben und in 7–8 Minuten fertig garen. Zuletzt den gehackten Koriander untermischen. Das Gericht vor dem Servieren noch mit ganzen Korianderstängeln garnieren.

4 Steaks vom Red Snapper à etwa 150 g
100 ml Pflanzenöl

MARINADE:
1 TL Ingwerwurzel, fein gehackt
½ TL Chilipulver
½ TL gemahlene Kurkuma
1 TL gemahlene Fenchelsamen
abgeriebene Schale und Saft von 1 Zitrone
½ TL Salz
1½ TL *jaggery** oder Palmzucker

SAUCE:
1 Stück Sternanis
1 TL Schwarzkümmel oder Zwiebelsamen
1 TL Fenchel- oder Anissamen
2 mittelgroße Zwiebeln, in feine Ringe geschnitten
1½ TL gemahlene Kurkuma
1 TL Chilipulver
½ TL gemahlene Fenchelsamen
½ TL Salz (nach Geschmack)
1 EL *jaggery** oder Palmzucker
100 g Bambussprossen, in Scheiben geschnitten
3–4 Limettenblätter
2 EL Zitronensaft
1 große Tomate, in Scheiben geschnitten
1 EL Korianderblätter, gehackt

GARNITUR:
einige Korianderstängel

AMBOT-TIK

Scharf-saurer Fischtopf GOA, WESTINDIEN

Jeder festfleischige Fisch, also neben Schwertfisch etwa auch Hai oder Seeteufel, eignet sich für dieses Curry, eine in Westindien äußerst beliebte Fischzubereitung. Sehr feine Streifen von frischer Ingwerwurzel kann ich neben Limettenscheiben als Garnitur empfehlen.

Den Fisch in 3 cm große Würfel schneiden. Das Tamarindenmark in einer Schüssel mit 100 ml warmem Wasser übergießen und 20 Minuten einweichen, anschließend durch ein feines Sieb streichen.

Inzwischen sämtliche Zutaten für die Chilipaste im Mixer fein pürieren.

Das Öl in einem Topf erhitzen und die Zwiebeln etwa 10 Minuten sanft braten, bis sie weich und zart gebräunt sind. Die Chilipaste einrühren und 5 Minuten braten, dann das Tamarindenwasser einrühren. Alles zum Kochen bringen und 1 Minute köcheln lassen.

Die Fischwürfel untermischen, bis sie gleichmäßig überzogen sind, und in 5–6 Minuten in der leise köchelnden Sauce garen. Das Gericht mit Salz abschmecken und, mit den Sprossen und Limettenscheiben garniert, servieren. Dazu gekochten Reis reichen.

450 g Schwertfischfilet
30 g Tamarindenmark*
2 EL Pflanzenöl
200 g Zwiebeln, in feine Scheiben geschnitten
½ TL Salz (oder nach Geschmack)

CHILIPASTE:
10 ml Essig
6 getrocknete rote Chilischoten
6 schwarze Pfefferkörner
1 TL gemahlene Kurkuma
1 EL Ingwer-Knoblauch-Paste*
½ TL Kreuzkümmel
1 TL Zucker

GARNITUR:
Senfsprossen oder Kresse

ISMAILI MACHCHI CURRY

Fischcurry nach Art der Khojas WESTINDIEN

Aus dem Iran kommend, ließen sich die Khojas, die der ismailitischen Linie der Schiiten zuzurechnen sind, zuerst in Gujarat nieder. Obwohl ihre Küche sich den dortigen Einflüssen nicht entziehen konnte, weist sie nach wie vor ganz eigene Züge auf und ist außerordentlich köstlich. Dieses Rezept verlangt unbedingt festfleischigen Fisch.

Den Fisch in 1 cm dicke Scheiben schneiden. In einer flachen Schüssel mit dem Zitronensaft beträufeln, mit dem Salz bestreuen und 20 Minuten marinieren.

Das Tamarindenmark in 200 ml warmem Wasser 20 Minuten einweichen, danach durch ein feines Sieb streichen. Die Zutaten für die Kokospaste im Mixer fein pürieren.

Das Öl in einem Topf erhitzen und die Curryblätter mit den Senfsamen braten, bis sie knistern. Kurkuma und Kokospaste einrühren und 2 Minuten braten, bis sich das Fett von der Paste trennt.

Fisch und Tamarindenwasser zufügen. Zum Köcheln bringen und den Fisch bei niedriger Temperatur in etwa 5 Minuten garen. Mit Chilis und Koriander garnieren und mit Reis oder Fladenbrot servieren.

450 g Seeteufel
1 TL Zitronensaft
½ TL Salz
1 EL Tamarindenmark*
2 EL Pflanzenöl
10 Curryblätter
1 TL schwarze Senfsamen
½ TL gemahlene Kurkuma

WÜRZIGE KOKOSPASTE:
80 g Kokosnuss*, frisch gerieben
10 Pfefferkörner
4 getrocknete rote Chilischoten
6 Knoblauchzehen, geschält

GARNITUR:
3 grüne Chilischoten, längs aufgeschlitzt
2 EL Korianderblätter, gehackt

NADIR GADH
Fischcurry mit Lotoswurzeln KASCHMIR, NORDINDIEN

Mit ihren Würzpasten, Nüssen, Früchten und Blüten, die nicht nur geschmacklich, sondern auch farblich Akzente setzen, unterscheidet sich die Küche Kaschmirs von allen anderen des Landes. Eine zurückhaltende, aber wohl komponierte Würze kennzeichnet dieses Gericht, das sich ebenso gut mit Forelle zubereiten lässt. Frische Lotoswurzeln können durch Dosenware ersetzt werden.

Die Fischfilets in einer flachen Schüssel mit dem Zitronensaft beträufeln, mit ½ Teelöffel Salz bestreuen und 20 Minuten marinieren. Inzwischen die Zwiebeln im Mixer oder in der Küchenmaschine fein pürieren.

Das Öl in einer Pfanne erhitzen und den Fisch in 1 Minute von beiden Seiten hellbraun braten. Herausnehmen und auf einer Platte beiseite stellen.

Den Knoblauch in die Pfanne geben und 30 Sekunden braten, dann die Lotoswurzel zufügen und 2 Minuten mitbraten. Das Zwiebelpüree mit dem Chilipulver einrühren und 3–5 Minuten braten, bis es etwas Farbe annimmt.

Nelken, Kardamom, Ingwer, Kurkuma, Zimt, Zwiebelpüree und 500 ml Wasser zufügen. Alles gründlich verrühren, zum Kochen bringen und 10 Minuten köcheln lassen, bis die Lotoswurzel gar ist.

Den Fisch mit dem Safran dazugeben und 2–3 Minuten sanft köchelnd garen. Das Curry mit dem Kreuzkümmel bestreuen, mit Korianderstängeln garnieren und heiß servieren.

450 g Filet von Roten Meerbarben, nicht enthäutet
1 TL Zitronensaft
1 TL Salz (oder nach Geschmack)
100 g Zwiebeln, geviertelt
100 ml Pflanzenöl
1 EL Knoblauch, fein gehackt
120 g Lotoswurzel, in Scheiben geschnitten
1 TL Chilipulver
3 Gewürznelken
5 grüne Kardamomkapseln
2 schwarze Kardamomkapseln
1 TL gemahlener Ingwer
1½ TL gemahlene Kurkuma
2,5 cm Zimtstange oder Kassiarinde
50 g Zwiebel-Joghurt-Paste*
1 Prise Safranfäden*, in 2 EL warmem Wasser eingeweicht
½ TL Kreuzkümmel, geröstet und zerstoßen

GARNITUR:
einige Korianderstängel

NIMBUWALI MACHCHI
Tandoori-Lachs mit Limettenmarinade SÜDINDIEN

In Indien wird Fisch häufig im *tandoor** zubereitet, aber auch der Holzkohlengrill kommt häufig zum Einsatz wie bei diesem Rezept aus Mangalore, wo Zitrusfrüchte kulinarisch eine wichtige Rolle spielen.

Den Lachs, ohne ihn zuvor zu enthäuten, in 4 cm große Würfel schneiden und diese in eine flache Schüssel füllen.

Knoblauch, Koriander, Ingwer, Schale und Saft der Limette, Limettenblätter, Chilipulver und *garam masala* im Mixer fein pürieren. Das Öl in einem kleinen Topf erhitzen und das Mehl unter ständigem Rühren 1–2 Minuten anschwitzen, wobei es nicht braun werden darf.

Die Mehlschwitze mit Würzpaste, Salz und Joghurt glatt rühren. Die Lachswürfel untermischen und 1 Stunde marinieren.

Den Backofen auf 200 °C (Umluftherd 180 °C) oder auch den Elektro- oder Holzkohlengrill vorheizen. Die Fischwürfel auf einen Rost legen und 10–15 Minuten garen – dabei nach Bedarf ein- oder zweimal mit der Butter bestreichen, damit sie nicht austrocknen.

400 g Lachsfilet, in dicke Scheiben geschnitten
2 EL zerlassene Butter (nach Geschmack)

MARINADE:
20 Knoblauchzehen
1 kleines Bund Koriandergrün, Blätter abgezupft
1 EL Ingwerwurzel, leicht zerdrückt
1 EL Limettenschale, fein gerieben
2 EL Limettensaft
4–5 Limettenblätter
1 TL Chilipulver
½ TL *garam masala**
50 ml Pflanzenöl
1 EL *gram flour**
½ TL Salz
100 g Joghurt

MACHER DIYE CHAR DALER KHECHURI

Seeteufel-Kedgeree BENGALEN, OSTINDIEN

Kedgeree, das in fast jedem indischen Bundesstaat anders zubereitet wird, gehört zu den kulinarischen Exportschlagern des Landes. Der erste Eindruck täuscht: Tatsächlich ist dieses Rezept ganz unkompliziert. In Ostindien serviert man *kedgeree* traditionsgemäß mit verschiedenen Beigaben wie Pickles, *ghee*, pappadum*, Reischips und Joghurt. Vegetarier lassen den Fisch einfach weg. Der Einfachheit halber kann man den Reis auch mit nur einer Sorte der Hülsenfrüchte im Verhältnis 2:1 kombinieren.

Den Fisch in 8 circa 1 cm dicke Scheiben schneiden. Die Hälfte in einer flachen Schüssel mit dem Zitronensaft beträufeln und mit Chilipulver, Kurkuma und ½ Teelöffel Salz bestreuen. Durchmischen und an einem kühlen Platz 30 Minuten marinieren.

Inzwischen 500 ml Wasser in einem flachen Topf zum Kochen bringen. 1 Zimtstück, 2 Nelken, 1 Lorbeerblatt und ½ TL Ingwer zufügen. Die übrigen vier Seeteufelscheiben in dem Sud etwa 10 Minuten pochieren, bis sie gar sind, danach mit einer Schaumkelle herausnehmen. Den Sud nicht weggießen.

Die roten Linsen *(masoor dal)*, das *chana dal* und das *bengal gram* mit den Kokosraspeln, dem Sud, 300 ml Wasser und 1 Teelöffel Salz in einen Topf füllen. Die Hülsenfrüchte 20–25 Minuten köcheln lassen, bis sie weich sind, danach abseihen.

Die Butter in einem separaten Topf zerlassen. Das zweite Zimtstück, die übrigen Nelken und Lorbeerblätter, den Rest des Ingwers, den Kreuzkümmel und die Chilis 1 Minute anbraten. Den Reis und die Mungbohnen *(moong dal)* einrühren, 1 Teelöffel Salz und den Zucker zufügen. Das Ganze mit 400 ml Wasser bedecken, zum Kochen bringen und etwa 20 Minuten köcheln lassen, bis der Reis und die Mungbohnen die Flüssigkeit aufgenommen haben und gar sind. Inzwischen den pochierten Fisch mit einer Gabel zerpflücken.

In einem weiteren Topf das Öl erhitzen und die marinierten Seeteufelscheiben etwa 6–8 Minuten braten, bis sie außen knusprig und goldbraun und innen richtig gar sind.

Mit einer Gabel die Reis- und die Hülsenfrüchtemischung, den pochierten Fisch und den Koriander vermengen. Die gebratenen Seeteufelscheiben darauf anrichten. Das *kedgeree* mit ganzen Korianderstängeln garnieren, auf jede Portion einen Klecks Koriander-Erdnuss-Chutney geben und das Gericht heiß servieren.

Koriander-Erdnuss-Chutney: 100 g Korianderblätter, 50 g Minzeblätter, 35 g geröstete Erdnüsse, 10 g gehackte frische Ingwerwurzel, 1 grüne Chilischote, 2 Esslöffel Zitronensaft, 1 Teelöffel Salz und 1 Esslöffel Wasser im Mixer zu einer Paste verarbeiten. Zuletzt nochmals abschmecken.

200 g Filet vom Seeteufel oder einem anderen weißfleischigen Fisch
1 TL Zitronensaft
½ TL Chilipulver
½ TL gemahlene Kurkuma
Salz
2 · 2,5 cm Zimtstange oder Kassiarinde
6 Gewürznelken
3 Lorbeerblätter
20 g Ingwerwurzel, gehackt
30 g *masoor dal** (siehe Stichwort *dal*)
30 g *chana dal** (siehe Stichwort *dal*)
30 g *bengal gram**
70 g Kokosnuss*, frisch gerieben
25 g Butter
1 TL Kreuzkümmel
2 getrocknete rote Chilischoten
150 g Rundkornreis
30 g *moong dal** (siehe Stichwort *dal*), geröstet
½ TL Zucker
1½ EL Pflanzenöl
1 EL Korianderblätter, gehackt

GARNITUR:
Korianderstängel

SANDHNO NO PATIO

Curry von Riesengarnelen GUJARAT, WESTINDIEN

Der indische Name für das Gericht, *patio*, leitet sich von dem Topf ab, in dem Currys dieser Art zubereitet werden. Das Garnelen-Curry kommt aus Bharuch, einer alten Stadt am Ufer des Narmada. Hier fanden die Parsen in Indien ihre erste Heimat, was ein 800 Jahre alter Feuertempel eindrucksvoll bezeugt. Die Parsi-Küche besticht durch eine reizvolle Mischung persischer und indischer Zutaten. Falls Sie keine frischen Bockshornkleeblätter bekommen, verwenden Sie gehackten Spinat.

Die Garnelen bis auf den Schwanzfächer schälen und vom Darm befreien, waschen und trockentupfen. Für die grüne Würzpaste alle Zutaten im Mixer fein pürieren. Mit der Hälfte der Paste die Garnelen ringsum bestreichen und 30 Minuten marinieren.

Die Hälfte des Pflanzen- und Sesamöls in einer Pfanne erhitzen und den Rest der Würzpaste 2 Minuten leicht anbraten. Die gehackten Zwiebeln zufügen und glasig dünsten, dann die übrigen Zutaten mit Ausnahme der Garnelen dazugeben.

Das restliche Öl in einer separaten Schmorpfanne erhitzen und die Garnelen 1–2 Minuten braten. Zur Zwiebelmischung geben und etwa 5 Minuten köcheln lassen, bis sie richtig gar sind. Sofort servieren.

8–12 Riesengarnelen
2 EL Pflanzenöl
1 EL Sesamöl
2 große Zwiebeln, fein gehackt
½ TL Salz
2 TL Knoblauch, gehackt
1 TL gemahlene Kurkuma
2 Bund Bockshornklee, Blätter abgezupft
1 EL getrocknete Bockshornkleeblätter
2 EL Korianderblätter
1 Bund Frühlingszwiebeln, in Ringe geschnitten

GRÜNE WÜRZPASTE:
3 grüne Chilischoten, entstielt
50 g Korianderstängel
1 TL gemahlene Kurkuma
3 getrocknete rote Chilischoten, halbiert
1 TL Kreuzkümmel
1 TL schwarze Pfefferkörner

ROYYALU PULUSU

Garnelencurry ANDHRA PRADESH, SÜDINDIEN

Als ich für meine Ausbildung in den Süden des Landes geschickt wurde, staunte ich über die dortige Farbenpracht der Architektur, Küche, Religion und Kultur. Dieses Rezept stammt aus der Küstenstadt Kakinada.

Die Garnelen bis auf den Schwanzfächer schälen und vom Darm befreien, waschen und trockentupfen. Mango- und Chilipulver, Kurkuma und Salz vermischen. Garnelen damit einreiben und etwa 20 Minuten marinieren.

Das Öl in einem Topf erhitzen und die Zwiebeln weich schwitzen. Wenn sie goldgelb anlaufen, die Ingwer-Knoblauch-Paste zufügen und alles nochmals 2–3 Minuten köcheln lassen.

Die gemahlenen Gewürze, die Kokosraspel, Chilis, Pfeffer, Minze und Curryblätter zufügen und 2–3 Minuten bei niedriger Temperatur anbraten.

Die Garnelen untermischen und 1 Minute braten. Die Kokosmilch zugießen und 5 Minuten köcheln lassen. Dann die Tomaten mit 100 ml Wasser zufügen und alles bei niedriger Temperatur 4–5 Minuten köcheln lassen, bis die Garnelen eben gar sind.

Mit dem gehackten Koriander bestreuen und mit *chapati* (Rezept Seite 134) oder gekochtem Reis servieren.

300 g mittelgroße Garnelen (insgesamt etwa 16 Stück)
½ TL Mangopulver* (siehe Stichwort Mango)
¼ TL Chilipulver
¼ TL gemahlene Kurkuma
½ TL Salz
60 ml Sesamöl
4 mittelgroße Zwiebeln, in Ringe geschnitten
2 TL Ingwer-Knoblauch-Paste*
je 1 TL gemahlener Koriander und Kreuzkümmel
100 g Kokosnuss*, frisch gerieben
2 grüne Chilischoten, gehackt
½ TL Pfefferkörner, zerstoßen
1 EL Minzeblätter, gehackt
1 TL Curryblätter, gehackt
250 ml Kokosmilch*
2 Tomaten, gehackt
2 EL Korianderblätter, gehackt

FISCH UND MEERESFRÜCHTE 55

CHEMEEN MANGA CHARU

Garnelencurry mit grüner Mango KERALA, SÜDINDIEN

Aus der Küche der muslimischen Moplah-Gemeinschaft in Kerala stammt dieses Rezept. Die Verbindung von Kokosnuss, Curryblättern und frischen Meeresfrüchten ist charakteristisch für Südindien.

Die Garnelen bis auf den Schwanzfächer schälen und vom Darm befreien, waschen und trockentupfen.

In einer Pfanne 1 Esslöffel Kokosöl erhitzen. Die Kokosraspeln zusammen mit Zwiebeln und Fenchelsamen bei mittlerer Temperatur goldbraun braten. Die Mischung im Mixer zu einer geschmeidigen Paste verarbeiten.

In derselben Pfanne 2 Esslöffel Kokosöl erhitzen und die Zwiebeln glasig schwitzen. Chilis und Ingwer-Knoblauch-Paste zufügen und kurz braten. Die gemahlenen Gewürze und die Hälfte der Mangostreifen untermischen.

Die Garnelen zufügen, salzen und rühren, bis sie ihren glasigen Schimmer verlieren und beinahe gar sind. Kokospaste, Kokosmilch und die Hälfte der restlichen Mangostreifen dazugeben. Alles bei niedriger Temperatur köcheln lassen, bis die Garnelen eben gar sind.

Inzwischen 1 Esslöffel Kokosöl in einer separaten Pfanne erhitzen und die Gewürzsamen mit den Curryblättern braten, bis sie aromatisch duften. Die Mischung über dem Garnelencurry verteilen, das Sie zuletzt mit den übrigen Mangostreifen garnieren. Mit Reis oder Fladenbrot servieren.

300 g große Garnelen (insgesamt etwa 16 Stück)
4 EL Kokosöl
70 g Kokosnuss*, frisch gerieben
½ Zwiebel, fein gehackt
1 TL Fenchelsamen
1 Zwiebel, in feine Ringe geschnitten
2 grüne Chilischoten, gehackt
1½ TL Ingwer-Knoblauch-Paste*
1½ TL gemahlener Koriander
1 TL Chilipulver
½ TL gemahlene Kurkuma
100 g unreife Mango, in feine Streifen geschnitten
½ TL Salz (oder nach Geschmack)
200 ml Kokosmilch*
1 TL Bockshornkleesamen
1 TL schwarze Senfsamen
25 Curryblätter

MOCHHA CHINGRI MAACHHER MOLAI CURRY

Langustencurry mit Kokosnuss BENGALEN, OSTINDIEN

In Bengalen hat man eine Vorliebe für Dramatik, das spiegelt sich auch in den Würzelementen dieses Gerichtes wider.

Die Langusten längs halbieren, säubern und mit Kurkuma sowie ½ Teelöffel Salz einreiben. Die Zwiebeln im Mixer fein pürieren.

Das Öl in einer Schmorpfanne erhitzen und die Langusten leicht anbraten, bis sich nach etwa 2 Minuten die Panzer verfärben. Herausnehmen und beiseite legen. Die Kartoffeln in die Pfanne geben und in einigen Minuten goldgelb braten, danach beiseite stellen.

Ghee oder Butter in einem Topf zerlassen und Lorbeer, Nelken, Zimt und Kardamom 1–2 Minuten braten. Zwiebelpüree einrühren und 3–4 Minuten braten. Wenn es zu duften beginnt, Chili- und Ingwer-Knoblauch-Paste untermischen, 2 Minuten mitbraten und ab und zu etwas Wasser zugießen.

Die Kartoffeln mit ½ Teelöffel Salz und dem Zucker zufügen. Die Hälfte der Kokosmilch zugießen und zum Kochen bringen. Die Langusten einlegen und 10 Minuten garen. Die restliche Kokosmilch dazugießen und alles noch 5–10 Minuten köcheln lassen, bis alles richtig gar ist.

2 mittelgroße Langusten à etwa 400 g
2 TL gemahlene Kurkuma
1 TL Salz
150 g Zwiebeln, grob gehackt
4 EL Pflanzen- oder Kokosöl
100 g Kartoffeln, geschält und in Spalten geschnitten
1 EL *ghee** oder Butter
2 Lorbeerblätter
2 Gewürznelken
5 cm Zimtstange oder Kassiarinde
2 grüne Kardamomkapseln
2 TL grüne Chilipaste*
1½ TL Ingwer-Knoblauch-Paste*
1 TL Zucker
400 ml Kokosmilch*

CARIL DE CARANGUEJOS
Krabbencurry aus Goa   WESTINDIEN

Absolute Frische der Krabben oder Krebse ist bei diesem Rezept das A und O. Kaufen Sie daher möglichst kurz vor der Zubereitung lebende Tiere, die Sie am besten gleich vom Fischhändler fachgerecht vorbereiten lassen.

- 2 mittelgroße Krabben oder Taschenkrebse à etwa 500 g
- 50 g Tamarindenmark*
- 2 TL Ingwer-Knoblauch-Paste*
- 1½ TL Chilipulver
- 1 TL gemahlener Kreuzkümmel
- ½ TL gemahlener Koriander
- 3 EL Pflanzenöl
- 150 g Zwiebeln, in feine Ringe geschnitten
- ½ TL Salz (oder nach Geschmack)
- 100 ml Kokosmilch*
- einige Korianderblätter, gehackt
- Pfeffer, zerstoßen

Die Krabben oder Krebse jeweils in 4 oder 5 Stücke teilen (oder den Fischhändler beim Kauf bitten, dies zu erledigen). Den kleinen Magensack hinter den Mundwerkzeugen und die gräulichen, federigen Kiemen entfernen.

Das Tamarindenmark in 250 ml warmem Wasser 20 Minuten einweichen, danach durch ein feines Sieb streichen. Die Ingwer-Knoblauch-Paste, das Chilipulver, den Kreuzkümmel und den Koriander mit 3 Esslöffeln Wasser geschmeidig rühren.

Das Öl in einer Schmorpfanne erhitzen. Die Zwiebeln anbraten, bis sie weich und hellbraun sind. Dann die Würzmischung zufügen und 3–4 Minuten sanft mitbraten. Das Tamarindenwasser und das Salz einrühren.

Alles zum Kochen bringen. Die Krabben oder Krebse zufügen und nach etwa 5 Minuten, wenn sie fast gar sind, die Kokosmilch einrühren. Das Curry noch 3–4 Minuten köcheln lassen, bis die Krabben oder Krebse richtig gar sind. Mit gehacktem Koriander und zerstoßenem Pfeffer bestreuen.

EGURU PETHELU
Krabben mit Tamarinde und Curryblättern   ANDHRA PRADESH, SÜDINDIEN

In den Küstenorten von Andhra Pradesh gehören Krabbencurrys zur Alltagskost. Dieses Rezept, bei dem das delikate Aroma der Tiere wundervoll zur Geltung kommt, lernte ich durch einen Freund kennen.

- 2 mittelgroße Krabben oder Taschenkrebse à etwa 500 g
- 50 g Tamarindenmark*
- 60 ml Pflanzenöl
- 2 getrocknete rote Chilischoten
- 8–10 Curryblätter
- 300 g Zwiebeln, in feine Ringe geschnitten
- 2 TL Ingwer-Knoblauch-Paste*
- 100 g Kokosmilch*
- 2 TL gemahlener Koriander
- ¾ TL gemahlene Kurkuma
- ½ TL Salz (oder nach Geschmack)
- 2 EL Korianderblätter, gehackt

Die Krabben oder Krebse jeweils in 4 oder 5 Stücke teilen (oder den Fischhändler beim Kauf bitten, dies zu erledigen). Die Scheren aufbrechen.

Das Tamarindenmark in 150 ml warmem Wasser 20 Minuten einweichen, danach durch ein feines Sieb streichen.

Das Öl in einer Schmorpfanne erhitzen und die Chilis 1–2 Minuten darin anbraten, danach entfernen. Die Curryblätter ins Öl geben und, sobald sie knistern, die Zwiebeln zufügen und braten, bis sie weich und zart gebräunt sind. Die Ingwer-Knoblauch-Paste einrühren und 3–4 Minuten braten. Wenn sie goldbraun anläuft, die Kokosmilch zufügen und einige Minuten köcheln lassen, bis sich das Öl abscheidet. Die gemahlenen Gewürze untermischen und alles bei niedriger Temperatur noch 1 Minute köcheln lassen.

Die Krabben mit dem Salz und dem Tamarindenwasser in die Pfanne geben und in 5–8 Minuten in der leicht köchelnden Sauce garen. Zuletzt mit Koriander bestreuen und servieren.

GEFLÜGEL

Indische Hühner schmecken mir meist sehr viel besser als das Gros ihrer westlichen Artgenossen. Sie können sich frei bewegen und entwickeln dabei festes, aromatisches Fleisch. Vor der Zubereitung werden die Hühner enthäutet und zerteilt, sodass die Würze der Zutaten das Fleisch durchdringen kann. Gans, Taube, Rebhuhn und Wachtel sind begehrte Delikatessen. Inzwischen sind sie allerdings seltener zu bekommen, da Federwild nicht mehr uneingeschränkt gejagt werden darf. Auf der Speisekarte eines Nobelrestaurants dürfen sie jedenfalls, neben Ente und natürlich Huhn, nicht fehlen.

CHUTNEY NI MURGI
Huhn in pikanter Kräuterpaste GUJARAT, WESTINDIEN

Beim Zusammenstellen unterschiedlicher Aromen, Texturen und Farben scheinen Parsi-Frauen Naturtalente zu sein. Aber auch mein Freund Cyrus Todiwala, seines Zeichens Chefkoch, beherrscht dieses Rezept perfekt.

Sämtliche Zutaten für die Kräuterpaste mit 2–3 Esslöffeln Wasser im Mixer fein pürieren. Vorerst kalt stellen.

Das Fleisch in 5 cm große Stücke schneiden. Die Hälfte des Öls in einer Schmorpfanne erhitzen und die Zwiebel anbraten, bis sie weich und goldbraun ist. Die Ingwer-Knoblauch-Paste einrühren. Nach 1 Minute das Fleisch zufügen und hellbraun anbraten. 120 ml Wasser zugießen, zum Kochen bringen und 10 Minuten köcheln lassen.

Das restliche Öl in einem Topf erhitzen. Die Kräuterpaste zufügen und rühren, bis sich das Öl von der Paste trennt. Den gesamten Pfanneninhalt dazugeben, salzen und alles etwa 15 Minuten köcheln lassen, bis das Huhn gar ist und sich die Sauce sämig über die Fleischstücke legt. Zuletzt den Zitronensaft einrühren und das Gericht mit Minzestreifen garnieren. Sofort servieren.

500 g ausgelöstes Hühnerfleisch, Schenkel oder Brust
6 EL Sonnenblumenöl
1 große Zwiebel, fein gehackt
2 TL Ingwer-Knoblauch-Paste*
½ TL Salz
3 EL Zitronensaft

KRÄUTERPASTE:
100 g unreife Mango, geraspelt
1 großes Bund Koriandergrün, gehackt
1 kleines Bund Minze, gehackt
8 Knoblauchzehen, in Scheiben geschnitten
1 kleines Stück Ingwerwurzel, gehackt
100 g Kokosnuss*, frisch gerieben

GARNITUR:
etwas frische Minze, in Streifen geschnitten

CARIL DE GALINHA
Hühnercurry aus Goa WESTINDIEN

In Indien gibt es, wie überall, für bestimmte Gerichte zahlreiche regionale Varianten und so mancher Haushalt kennt darüber hinaus traditionelle Familienrezepte. Für Hühnercurry gilt das allemal. Hier eine ebenso einfache wie herzhafte Variante aus Goa.

Das Huhn küchenfertig vorbereiten, in 8 Teile zerlegen und enthäuten. Das Tamarindenmark in 100 ml warmem Wasser 20 Minuten einweichen, danach durch ein feines Sieb streichen.

Sämtliche Zutaten der Kokos-Gewürz-Paste außer der Kokosmilch im Mixer fein pürieren. Zuletzt die Kokosmilch untermixen, sodass eine ziemlich glatte Paste entsteht.

Das Öl in einer Schmorpfanne erhitzen und die Zwiebeln goldgelb braten. Die Kokos-Gewürz-Paste einrühren und 3–5 Minuten mitbraten.

Die Hühnerteile zufügen und hellbraun anbraten, danach salzen. Die Hälfte der Kokosmilch zugießen und das Gericht etwa 15–20 Minuten köcheln lassen, bis das Fleisch beinahe gar ist. Die Tamarinde und den Rest der Kokosmilch zufügen und das Fleisch, nachdem die Sauce erneut köchelt, in etwa 5 Minuten fertig garen. Das Gericht mit dem gehackten Koriander bestreuen und mit gekochtem Reis servieren.

1 ganzes Huhn (etwa 1,2 kg)
50 g Tamarindenmark*
3 EL Pflanzenöl
2 Zwiebeln, in Ringe geschnitten
½ TL Salz (oder nach Geschmack)
400 ml Kokosmilch*
1 EL Korianderblätter, gehackt

KOKOS-GEWÜRZ-PASTE:
6–8 Knoblauchzehen, geschält
10 g Ingwerwurzel
4 grüne Chilischoten
5 getrocknete rote Chilischoten
1 EL Reismehl
1 TL Koriandersamen
1 EL Mohnsamen
1 EL gemahlene Kurkuma
1 TL gemahlener Kreuzkümmel
100 ml Kokosmilch*

PALOK DIYE TIKHA MURGI KALIA
Würziges Hühnercurry mit Spinat BENGALEN, OSTINDIEN

In diesem Rezept fließen unterschiedliche Kochtraditionen zusammen. Die Grundidee lieferte ein bengalisches Rezept, das aber durch eine dunkle Sauce *(kalia)*, die der muslimischen Küche entlehnt ist, sowohl geschmacklich als auch in der Zubereitung abgewandelt wurde. Mich hat Kalkutta mit seinen köstlichen, muslimisch gefärbten Spezialitäten immer sehr inspiriert und ich träume davon, einmal in aller Ruhe den jüdischen, chinesischen und englischen Einflüssen in der dortigen Küche nachzuspüren.

Das Huhn küchenfertig vorbereiten, in 8 Teile zerlegen und enthäuten. In einer Schmorpfanne das Öl bis zum Rauchpunkt erhitzen, vom Herd nehmen und etwas abkühlen lassen. Bei mittlerer Temperatur erneut aufsetzen und die ganzen Chilis, Nelken, Kardamom, Zimt und das Lorbeerblatt braten, bis die Gewürze knistern.

Die Zwiebeln zufügen und mitbraten, bis sie weich und leicht gebräunt sind. Die Ingwer-Knoblauch-Paste dazugeben und 2–3 Minuten kräftig braten, bis sie aromatisch duften.

Die Hühnerteile in die Pfanne geben und ringsum anbraten, sodass sich die Poren schließen. Chilipulver, Koriander und Kurkuma untermischen, nach 1 Minute folgen Tomaten, Salz und 100 ml Wasser. Das Ganze etwa 20 Minuten sanft köcheln lassen, bis das Fleisch gar ist.

Inzwischen den Spinat zubereiten: Das Öl in einem Topf erhitzen und den Knoblauch mit der Chili braten, bis er nach einigen Minuten goldgelb anläuft. Kurkuma und Salz untermischen und noch 30 Sekunden rühren. Den Spinat zufügen und garen, bis er eben zusammenfällt.

Den Topfinhalt zum Hühnercurry geben und das Gericht weitere 3–5 Minuten köcheln lassen, sodass sich die Aromen schön verbinden. Vom Herd nehmen, mit dem *garam masala* und dem gehackten Ingwer bestreuen und in einzelnen Schalen servieren. Dazu passt gedämpfter Reis.

1 ganzes Huhn (etwa 1,2 kg)
70 ml Senf- oder Pflanzenöl
2 getrocknete rote Chilischoten
3 Gewürznelken
3 schwarze Kardamomkapseln
2,5 cm Zimtstange oder Kassiarinde
1 Lorbeerblatt
300 g Zwiebeln, in Ringe geschnitten
10 g Ingwer-Knoblauch-Paste*
1 TL Chilipulver
1 TL gemahlener Koriander
1 TL gemahlene Kurkuma
250 g Tomaten, gehackt
½ TL Salz (oder nach Geschmack)

SPINAT:
30 ml Senföl
1 TL Knoblauch, gehackt
1 getrocknete rote Chilischote, fein zerstoßen
½ TL gemahlene Kurkuma
½ TL Salz
500 g Spinatblätter, verlesen und gehackt

GARNITUR:
1 TL *garam masala**
2 TL Ingwerwurzel, fein gehackt

HYDERABADI KALI MIRICH KA MURG
Pfeffriges Hühnercurry HYDERABAD, SÜDINDIEN

Schwarzer Pfeffer ist eine viel verwendete Zutat in Hyderabad. Bei diesem Rezept kommt weniger seine Schärfe als vielmehr seine aromatische Würze wunderbar zur Geltung.

Das Huhn küchenfertig vorbereiten, in 8 Teile zerlegen, enthäuten und in eine flache Schüssel geben. Die Ingwer-Knoblauch-Paste, Salz, Essig, Kurkuma und 1 Teelöffel zerstoßenen Pfeffer vermischen. Das Huhn damit bestreichen und zugedeckt im Kühlschrank 2–3 Stunden marinieren.

Die gehackten Zwiebeln im Mixer oder in der Küchenmaschine fein pürieren.

In einer Schmorpfanne das Öl erhitzen. Die restlichen 2 Teelöffel Pfeffer 1 Minute braten, dann die Zwiebelringe zufügen und sanft dünsten, bis sie weich und goldgelb sind. Nun das Zwiebelpüree zufügen und etwa 20 Minuten sanft braten, bis es goldbraun ist.

Das Huhn mit der Marinade dazugeben und braten, bis die Flüssigkeit verdampft ist. Etwa 200 ml Wasser zugießen und das Ganze zum Köcheln bringen. Wenn das Fleisch nach etwa 20 Minuten gar ist, das Gericht mit Ingwerstreifen, Kresse oder Senfsprossen und dem gerösteten Pfeffer bestreuen. Sofort – mit Fladenbrot als Beilage – servieren.

1 ganzes Huhn (etwa 1,2 kg)
2 TL Ingwer-Knoblauch-Paste*
½ TL Salz (oder nach Geschmack)
2 EL Weißweinessig oder Zitronensaft
1 TL gemahlene Kurkuma
3 TL schwarze Pfefferkörner, frisch zerstoßen
2 große Zwiebeln, grob gehackt
100 ml Pflanzenöl
2 mittelgroße Zwiebeln, in Ringe geschnitten

GARNITUR:
Ingwerwurzel, in feine Streifen geschnitten
Kresse oder Senfsprossen
1 TL schwarze Pfefferkörner, zerstoßen und trocken geröstet

KOZHI VARTHA KOZHAMBU
Tamilisches Hühnercurry TAMIL NADU, SÜDINDIEN

Unzählige Male habe ich dieses Curry während meiner Ausbildung zum Koch gekostet. Die hier vorgestellte Variante lernte ich bei meiner Tätigkeit im Taj-Connemara-Hotel in Chennai (Madras) durch einen Kollegen kennen, den wir alle nur *thambi*, also »kleiner Bruder«, nannten. Seinen richtigen Namen habe ich nie erfahren. Er beherrschte die tamilische Küche meisterhaft und hat mir vieles beigebracht.

Das Huhn küchenfertig vorbereiten, in 8 Teile zerlegen und enthäuten. Sämtliche Zutaten für die Würzpaste mit 3 Esslöffeln Wasser im Mixer fein pürieren.

Das Öl in einer Schmorpfanne erhitzen und die Zwiebeln weich und hellbraun dünsten. Die Würzpaste mit den Curryblättern zufügen und 2–3 Minuten braten, dann die gemahlenen Gewürze untermischen und 30 Sekunden unter Rühren mitbraten.

Die Hühnerteile zufügen und in einigen Minuten goldbraun anbraten. Kokosmilch, Salz und Tomaten untermischen. Alles 20 Minuten köcheln lassen, bis das Fleisch gar ist. Das Gericht vor dem Servieren mit dem gehackten Koriander bestreuen.

1 ganzes Huhn (etwa 1,2 kg)
70 ml Kokos- oder Pflanzenöl
200 g Zwiebeln, in Ringe geschnitten
20 Curryblätter
1 TL Chilipulver
1 TL gemahlener Koriander
1 TL gemahlene Kurkuma
400 ml Kokosmilch*
½ TL Salz (oder nach Geschmack)
100 g Tomaten, gehackt
2 EL Korianderblätter, gehackt

WÜRZPASTE:
1 EL Ingwerwurzel, gehackt
2 EL Knoblauch, gehackt
3 Gewürznelken
10 schwarze Pfefferkörner
2,5 cm Zimtstange oder Kassiarinde

KOZHI VELLAI KAZHAMBU
Weißes Hühnercurry   TAMIL NADU, SÜDINDIEN

Von den milden Hühnercurrys aus Tamil Nadu kann ich Ihnen dieses nur wärmstens empfehlen – ein unvergleichliches Geschmackserlebnis! Lassen Sie sich von der langen Zutatenliste nicht abschrecken: Alles ist in einem besseren Supermarkt ohne weiteres zu finden. Das Originalrezept verwendet enthülste *mocjakka*-Bohnen, die ich hier durch Dicke Bohnen ersetzt habe. Man kann sie aber auch ganz weglassen.

Für die Würzpaste das Öl in einer Schmorpfanne erhitzen. Zwiebelringe, Ingwer, Knoblauch, die ganzen Gewürze, Chilis und Cashewnüsse zufügen und alles sanft braten, bis die Zwiebeln weich werden – sie dürfen dabei keine Farbe annehmen. Das Ganze abkühlen lassen, anschließend mit dem Joghurt im Mixer fein pürieren.

Das Hühnerfleisch in etwa 2,5 cm breite Streifen schneiden und in eine flache Schüssel geben. Nun das Fleisch mit der Würzpaste gleichmäßig bestreichen und zugedeckt an einem kühlen Platz etwa 30 Minuten marinieren.

Das Öl in der wieder gesäuberten Pfanne erhitzen und die ganzen Gewürze 1–2 Minuten anbraten. Die Zwiebeln zufügen und sanft dünsten, bis sie weich und glasig sind.

Das Hühnerfleisch mitsamt seiner Marinade und mit den Bohnen in die Pfanne geben und 3–5 Minuten sanft braten. Die Kokosmilch mit den Ingwerstreifen zufügen und erhitzen, bis sie köchelt. Das Gericht 12–15 Minuten köcheln lassen, bis das Fleisch gar ist, danach gleich vom Herd nehmen. Zuletzt die gehackten Korianderblätter sowie die Schale und den Saft der Limette untermischen.

Das Curry in einzelnen Schalen, garniert mit Korianderstängeln und Limettenscheiben, servieren. Dazu reichen Sie als Beilage gekochten Reis.

Anmerkung: Falls Sie ganz junge Dicke Bohnen bekommen, müssen diese nicht enthülst werden. Schneiden Sie sie einfach schräg in 2–3 cm lange Stücke.

500 g ausgelöste Hühnerbrust, enthäutet
2 EL Pflanzenöl
1 Lorbeerblatt
1 Stück Sternanis
2 Gewürznelken
2,5 cm Zimtstange oder Kassiarinde
2 Zwiebeln, in Ringe geschnitten
70 g Dicke Bohnen, enthülst
450 g Kokosmilch*
20 g Ingwerwurzel, in feine Streifen geschnitten
2 EL Korianderblätter, gehackt
abgeriebene Schale und Saft von 1 Limette

WÜRZPASTE:
2 TL Pflanzenöl
1 große Zwiebel, in Ringe geschnitten
20 g Ingwerwurzel, gehackt
10 Knoblauchzehen, gehackt
2,5 cm Zimtstange oder Kassiarinde
2 Gewürznelken
2 grüne Kardamomkapseln
1 TL Fenchelsamen
1 TL Koriandersamen
8 grüne Chilischoten
30 g Cashewnüsse
100 g Joghurt

GARNITUR:
Korianderstängel
Limettenscheiben

METHI KUKKUR
Huhn mit Bockshornklee NORDINDIEN

Im Gegensatz zu manch anderem Blattgemüse, das ich als Kind zu essen bekam, hat mir Bockshornklee schon immer ausgezeichnet geschmeckt. Er wird in Indien nicht nur in der Küche häufig verwendet – als Gemüse, Küchenkraut oder getrocknet als Gewürz –, sondern sogar als Medizin eingesetzt. Getrocknete und gemahlene Bockshornkleeblätter geben diesem Gericht seinen charakteristischen Geschmack und knusprig frittierter frischer Bockshornklee ist eine interessante Ergänzung. Falls Sie ihn nicht bekommen, verzichten Sie einfach auf die Garnitur. Sie können auch Hühnerschenkel verwenden, wenn Ihnen nicht der Sinn danach steht, ein ganzes Huhn zu zerteilen.

1 ganzes Huhn (etwa 1,2 kg)
150 g Joghurt
1 TL Salz (oder nach Geschmack)
2 TL grüne Chilipaste*
5 EL Pflanzenöl
6 grüne Kardamomkapseln
1 schwarze Kardamomkapsel
3 Gewürznelken
2,5 cm Zimtstange oder Kassiarinde
400 g Zwiebeln, in feine Ringe geschnitten
40 g Ingwer-Knoblauch-Paste*
1 TL gemahlene Kurkuma
1 TL gemahlener Koriander
1 TL Chilipulver
200 g Tomaten, gehackt
3 TL gemahlene Bockshornkleeblätter*
1 EL Ingwerwurzel, gehackt
2 EL Korianderblätter, gehackt

GARNITUR:
1 große Hand voll frische Bockshornkleeblätter

AUSSERDEM:
Öl zum Frittieren

Das Huhn küchenfertig vorbereiten, in 8 Teile zerlegen, enthäuten und in eine flache Schüssel legen. Den Joghurt mit dem Salz und der grünen Chilipaste verrühren. Die Hühnerteile ringsum damit bestreichen und zugedeckt an einem kühlen Platz 45 Minuten marinieren.

In einer Schmorpfanne das Öl erhitzen und Kardamom, Nelken und Zimt darin braten. Sobald die Gewürze knistern, die Zwiebeln zufügen und braten, bis sie weich werden und etwas Farbe annehmen.

Die Ingwer-Knoblauch-Paste zufügen und 3–4 Minuten braten. Wenn alles aromatisch duftet, Kurkuma, Koriander und Chilipulver untermischen und alles noch 1 Minute braten. Die Tomaten in die Pfanne geben und etwa 10 Minuten köcheln lassen, bis sie weich sind und sich das Fett von der Sauce abscheidet.

Das Huhn mit der Marinade zufügen und bei niedriger Temperatur 15–20 Minuten köcheln lassen, bis das Fleisch gar ist.

Gleichzeitig für die Garnitur den frischen Bockshornklee waschen, gut abtropfen lassen und mit Küchenpapier trockentupfen. Das Öl zum Frittieren in einem geeigneten hohen Topf oder der Fritteuse auf 180 °C erhitzen. Den Bockshornklee in 20–30 Sekunden knusprig frittieren. Sobald er nicht mehr knistert, mit einer Schaumkelle herausnehmen und auf Küchenpapier abtropfen lassen.

Das Gericht zuletzt mit dem gemahlenen Bockshornklee, dem Ingwer und dem gehackten Koriander würzen. Nochmals abschmecken und, gekrönt von dem frittierten Bockshornklee, servieren.

Reichen Sie dazu Fladenbrot.

TANDOORI MURG

Tandoori-Huhn NORDINDIEN

In Indien wird dieses einfache und allgemein beliebte Gericht üblicherweise im *tandoor* zubereitet. Aber auch im Backofen oder auf dem Holzkohlengrill gelingt es ohne weiteres.

Das Huhn küchenfertig vorbereiten, in 4 Teile (2 Schenkel und 2 Brusthälften mit den Flügeln) zerlegen und jeweils an drei, vier Stellen tief, aber nicht bis zum Knochen einschneiden. In eine flache Schüssel legen. Den Zitronensaft mit der Ingwer-Knoblauch-Paste, dem Salz und dem Chilipulver verrühren. Das Huhn damit bestreichen und 20 Minuten marinieren.
 Inzwischen die Zutaten für die Joghurtmarinade verrühren.
 Die Hühnerteile aus der Schüssel nehmen, gut abtropfen lassen und ringsum mit der Joghurtmarinade bestreichen. 2 Stunden marinieren.
 Den Backofen auf 200 °C (Umluftherd 180 °C) vorheizen. Das Huhn auf einem Rost mit Fettpfanne für 12–15 Minuten in den Ofen schieben. Öl und Butter mischen, das Huhn damit bestreichen und nochmals 3–5 Minuten braten, bis das Fleisch durch und durch gar ist. Herausnehmen und auf dem Rost etwa 5 Minuten ruhen lassen.
 Mit dem Limettensaft beträufeln, mit dem *chat masala* bestreuen und, begleitet von einem Salat und Minze-Chutney (siehe Seite 140), servieren.

1 ganzes Huhn (etwa 1,2 kg)
2 EL Zitronensaft
1 EL Ingwer-Knoblauch-Paste*
1 TL Salz
1 TL Chilipulver
zerlassene Butter und Öl, zum Bestreichen
1½ TL Limettensaft
1 TL *chat masala**

WÜRZIGE JOGHURTMARINADE:
250 g dicker Joghurt
1 TL *garam masala**
100 ml Pflanzenöl
½ TL Zimtpulver
½ TL Chilipulver
1 TL Salz
1 Prise rote Lebensmittelfarbe (nach Belieben)

ACHARI MURG

Hühnercurry aus Rajasthan NORDINDIEN

In Rajasthan, einem trockenen Wüstenstaat, wird gern mit reichlich Öl gekocht. Es macht die Speisen schön saftig und verlängert die Haltbarkeit. Dieses Curry schätzen die Gäste meines Restaurants sehr. Es ist erfreulich unkompliziert und lässt sich mit anderen Gerichten gut zu einem üppigen Essen ausbauen. Anstelle der aufgelisteten ganzen Gewürze können Sie ebenso *panch phoran* verwenden.

Die Hühnerschenkel einmal durchschneiden. Das Öl in einer Schmorpfanne erhitzen. Die ganzen Gewürze mit dem Knoblauch braten, bis sie knistern und der Knoblauch etwas Farbe annimmt. Die Chilis zufügen und 30 Sekunden mitbraten.
 Die Zwiebeln dazugeben und braten, bis sie weich und leicht gebräunt sind. Nun die Ingwer-Knoblauch-Paste 2–3 Minuten mitbraten. Das Tomatenmark und 100 ml Wasser einrühren. Das Ganze zum Köcheln bringen.
 Das Fleisch hineinlegen und 15 Minuten köcheln lassen. Den Zucker (falls verwendet), Zitronensaft und Salz einrühren. Den Joghurt untermischen und das Gericht noch 5 Minuten sanft garen – es darf nicht kochen. Abschmecken und mit dem Koriander bestreuen.

500 g ausgelöste Hühnerschenkel, enthäutet
100 ml Pflanzenöl
¼ TL schwarze Senfsamen
¼ TL Kreuzkümmel
¼ TL Fenchelsamen
¼ TL Bockshornkleesamen
¼ TL Zwiebelsamen
10 Knoblauchzehen, geschält und zerstoßen
5 rote Chilischoten
150 g Zwiebeln, in feine Ringe geschnitten
20 g Ingwer-Knoblauch-Paste*
2 EL Tomatenmark
20 g Palmzucker oder *jaggery** (nach Belieben)
2 EL Zitronensaft
1 TL Salz (oder nach Geschmack)
200 g Joghurt, leicht geschlagen
2 EL Korianderblätter, gehackt

MURG TARIWALA
Hühnercurry nach Hausfrauenart   NORDINDIEN

Solange Sie nicht den Topf auf dem Herd vergessen, können Sie bei diesem Gericht eigentlich nichts falsch machen. Am besten gelingt es mit nicht ausgelöstem Huhn aus Freilandhaltung.

Die Hühnerteile in größere Stücke hacken. Die ganzen Gewürze im Mixer, im Mörser oder in einer Gewürzmühle zerkleinern.

Das Öl in einem Topf erhitzen und die Gewürzmischung mit dem Lorbeerblatt 1–2 Minuten braten, bis sie knistert. Die Zwiebeln zufügen und, sobald sie weich sind und goldgelb anlaufen, die Ingwer-Knoblauch-Paste untermischen. Unter ständigem Rühren 2–3 Minuten sanft anbraten und dabei immer wieder vom Topfboden kratzen, damit sie nicht anbrennt. Als Nächstes das Chilipulver, den gemahlenen Koriander und die Kurkuma kurz, aber gründlich einrühren.

Die Tomaten mit dem Tomatenmark und dem Salz zufügen und bei niedriger Temperatur unter ständigem Rühren zu einer Sauce einköcheln lassen. Die Hühnerstücke einlegen und in der sanft köchelnden Sauce in etwa 20 Minuten garen – dabei kurz vor Ende des Garvorgangs mit dem *garam masala* bestreuen. Das Gericht zuletzt mit dem gehackten Koriander und Ingwer bestreuen.

600 g Hühnerschenkel oder -brust
6 grüne Kardamomkapseln
2,5 cm Zimtstange oder Kassiarinde
1 TL schwarze Pfefferkörner
1 Stück Sternanis
2 TL Kreuzkümmel
4 Gewürznelken
100 ml Pflanzenöl
1 Lorbeerblatt
250 g Zwiebeln, in feine Ringe geschnitten
1 EL Ingwer-Knoblauch-Paste*
1½ TL Chilipulver
1½ TL gemahlener Koriander
1½ TL gemahlene Kurkuma
100 g Tomaten, grob gehackt
1 EL Tomatenmark
1 TL Salz (oder nach Geschmack)
1 TL *garam masala**
2 EL Korianderblätter, gehackt
1 EL Ingwerwurzel, gehackt

MURG HARA MASALA
Hühnercurry mit Kräutern   WESTINDIEN

Grüne Hühnercurrys werden im gesamten Land auf immer wieder andere Art zubereitet. Diese einfache, aber exquisite Variante habe ich von meinen Khoja-Freunden im Mumbai (Bombay) übernommen. Die muslimischen Khojas pflegen eine besonders aromatische Küche.

Das Fleisch in 2,5 cm große Würfel schneiden. Das Tamarindenmark in 200 ml warmem Wasser 20 Minuten einweichen, danach durch ein feines Sieb streichen.

Für die Würzpaste die Nüsse mit warmem Wasser bedecken und 10 Minuten einweichen, anschließend abseihen. Den Knoblauch in Öl goldgelb braten und abkühlen lassen. Nüsse und Knoblauch mit den übrigen Zutaten für die Paste im Mixer fein pürieren.

In einer Schmorpfanne das Öl erhitzen. Den Ingwer und die Chilis in 2–3 Minuten weich dünsten. Die Würzpaste 1–2 Minuten sanft mitbraten. Das Tamarindenwasser mit dem Salz zufügen und alles erhitzen, bis es köchelt.

Das Fleisch in die Sauce geben und in 15–20 Minuten köchelnd garen. Das Gericht mit Reis oder Fladenbrot servieren.

600 g ausgelöstes Hühnerfleisch, Schenkel oder Brust
60 g Tamarindenmark*
70 ml Pflanzenöl
1 EL Ingwerwurzel, gehackt
1½ TL grüne Chilischoten, fein gehackt
1 TL Salz (oder nach Geschmack)

WÜRZPASTE:
80 g Cashewnüsse
50 g Knoblauchzehen, geschält
Öl zum Braten
300 g Röstzwiebel-Joghurt-Paste*
150 g Korianderblätter
150 g Minzeblätter
10 grüne Chilischoten
50 g frische Ingwerwurzel, grob gehackt

NAADAN KOZHI ULARTHIYATHU

Hühnercurry aus Kochi KERALA, SÜDINDIEN

Kerala ist ein dreigeteilter Staat: Im Norden stellen die Muslime, in der Mitte hingegen syrische Christen sowie Juden die Mehrheit und im Süden bilden Hindus die stärkste Fraktion. Entsprechend kann man hier unterschiedliche kulturelle und kulinarische Strömungen ausmachen. Jedes Mal, wenn ich Kochi, das ehemalige Cochin, besuche, kehre ich in einem winzigen Restaurant namens Naadan – buchstäblich ein »Kochtopf« – ein. Dort lernte ich dieses herzhafte Curry kennen. Übrigens gelingt das Rezept genauso gut mit Ente, Taube oder Kaninchen.

Das Huhn küchenfertig vorbereiten, in 8 Teile zerlegen und enthäuten.

Für das Gewürzpulver sämtliche Zutaten im Mixer, im Mörser oder in einer Gewürzmühle fein mahlen.

Nun das Öl in einer Schmorpfanne erhitzen und die Zwiebeln anbraten, bis sie weich werden und etwas gebräunt sind. Den Ingwer und den Knoblauch zufügen und rühren, bis die Mischung nach etwa 2–3 Minuten aromatisch duftet. Die grünen Chilis untermischen und nach 1 Minute das Gewürzpulver mit dem Salz. Alles etwa 30 Sekunden lang rühren.

Die Hälfte der Kokosmilch mit 100 ml Wasser zugießen. Die Kartoffeln dazugeben und, sobald das Ganze kocht, die Hühnerteile zufügen. Bei niedriger Temperatur 15–20 Minuten köcheln lassen, bis sie beinahe gar sind. Die restliche Kokosmilch zugießen und alles weiterköcheln lassen, bis das Fleisch und die Kartoffeln richtig gar sind.

Dann das Kokosöl erhitzen und die Senfsamen anbraten, bis sie knistern. Die Schalotten mit den Curryblättern zufügen und sanft braten, bis sie weich und goldgelb angelaufen sind.

Die Mischung vor dem Servieren auf das Hühnercurry geben. Dazu passt gekochter Reis.

1 ganzes Huhn (etwa 1,2 kg)
3 EL Kokos- oder Pflanzenöl
200 g Zwiebeln, in feine Ringe geschnitten
1 EL Ingwerwurzel, gehackt
2 EL Knoblauch, gehackt
4 grüne Chilischoten, längs aufgeschlitzt
1 TL Salz
400 ml Kokosmilch*
150 g Kartoffeln, abgebürstet und in Spalten geschnitten
1 EL Kokosöl
1 TL schwarze Senfsamen
50 g Schalotten, in Scheiben geschnitten
25 Curryblätter

GEWÜRZPULVER:
1 Stück Sternanis
3 getrocknete rote Chilischoten
1 EL Koriandersamen
½ TL gemahlene Kurkuma
10 schwarze Pfefferkörner
6 Gewürznelken
4 grüne Kardamomkapseln
5 cm Zimtstange oder Kassiarinde

MURG MAKHAN MASALA
Huhn in würziger Tomaten-Zwiebel-Sauce NORDINDIEN

Vermutlich lieferte dieser nordindische Klassiker das Vorbild für *murg tikka masala*, ein Standardgericht der indischen Restaurants in unseren Breiten. Das hier vorgestellte Rezept gerät, wie ich finde, mit Tandoori-Huhn besonders schmackhaft. Aber Sie können es auch mit frischem Huhn zubereiten, das Sie in 1 Esslöffel Öl leicht anbraten und dann in der Sauce fertig garen.

Das Huhn in insgesamt acht Stücke zerteilen. In einem Topf mit schwerem Boden das Öl erhitzen und den Ingwer 1 Minute braten. Die Tomaten mit 100 ml Wasser zufügen und bei niedriger Temperatur in 35–40 Minuten zu saucenähnlicher Konsistenz einkochen. Im Mixer oder in der Küchenmaschine fein pürieren, durch ein Sieb passieren und die Sauce beiseite stellen.
   In einem sauberen Topf die Butter zerlassen und die Zwiebel in 3 Minuten goldgelb anschwitzen. Die Tomatensauce mit dem Chili zufügen und erhitzen, bis sie köchelt. Den Bockshornklee, *garam masala*, Chilipulver, Honig und Salz einrühren und alles 30 Minuten köcheln lassen, sodass sich die Aromen schön mit der Sauce verbinden. Die Sahne einrühren und nach 3–5 Minuten die Hühnerteile zufügen. 10–15 Minuten köcheln lassen. Das Gericht mit dem Koriander bestreuen und mit würzigem Pilaw (Rezept Seite 132) servieren.

1,2 kg Tandoori-Huhn (Rezept Seite 71)
2 EL Pflanzenöl
2 EL Ingwerwurzel, grob gehackt
1 kg Tomaten, grob gehackt
2 EL Butter
1 mittelgroße Zwiebel, in feine Ringe geschnitten
1 grüne Chilischote, längs aufgeschlitzt
1 TL Bockshornkleeblätter, gemahlen*
1 TL *garam masala**
1 TL Chilipulver
2 EL Honig
1 TL Salz (oder nach Geschmack)
4 EL Sahne
2 EL Korianderblätter, fein gehackt

MURGI JHOL
Hühnertopf mit Gemüse BENGALEN, OSTINDIEN

Für dieses Gericht habe ich ein besonderes Faible, schließlich stamme ich selbst aus dem Osten Indiens. Als ich es meinen Cousins auftischte, die aus dem Punjab zu Besuch gekommen waren, beäugten sie zunächst skeptisch die für sie ungewohnt flüssige Sauce und zarte Farbe. Dann aber waren sie vom delikaten Geschmack so angetan, dass ich es jetzt jedes Mal, wenn ich sie besuche, kochen muss.

Das Huhn küchenfertig vorbereiten, in 8 Teile zerlegen und enthäuten. In einer Schmorpfanne das Öl erhitzen und die Hühnerteile etwa 1 Minute anbraten. Aus der Pfanne nehmen und beiseite legen.
   Im Öl, das sich noch in der Pfanne befindet, *panch phoran*, Lorbeer, Nelken und Zimt 1–2 Minuten braten. Dann die Ingwer-Knoblauch-Paste zufügen und 2–3 Minuten weiterrühren, bis die Mischung aromatisch duftet.
   Die gemahlenen Gewürze untermischen, gefolgt von den Tomaten und nach 2 Minuten von den Hühnerteilen. Salzen und bei niedriger Temperatur 2 Minuten garen. 200 ml Wasser dazugießen, zum Köcheln bringen und die Kartoffeln mit dem Blumenkohl zufügen. Das Gericht noch etwa 20 Minuten garen. Mit *garam masala* und dem Koriander servieren.

1 ganzes Huhn (etwa 1,2 kg)
80 ml Pflanzenöl
1 TL *panch phoran**
1 Lorbeerblatt
2 Gewürznelken
5 cm Zimtstange oder Kassiarinde
1 TL Ingwer-Knoblauch-Paste*
1½ TL gemahlene Kurkuma
1 TL gemahlener Koriander
½ TL gemahlener Kreuzkümmel
2 große Tomaten, in Spalten geschnitten
1 TL Salz (oder nach Geschmack)
150 g Kartoffeln, geschält und in Spalten geschnitten
150 g Blumenkohl, in Röschen zerteilt
¼ TL *garam masala**
1 EL Korianderblätter, gehackt

MASALEDAR BATYEREN

Würzige Wachteln PUNJAB, NORDINDIEN

In meiner ursprünglichen Heimat, dem Punjab, ist dieses Gericht sehr beliebt. Die Punjabis gehen nämlich gern auf die Jagd und bevorzugt nehmen sie Wachteln aufs Korn, die die Männer anschließend gern auch selbst zubereiten.

Die Wachteln in einer Schüssel mit ½ Teelöffel Salz bestreuen, mit dem Joghurt bestreichen und etwa 30 Minuten marinieren.

In einer Schmorpfanne das Öl erhitzen. Die ganzen Gewürze bei mittlerer Temperatur anbraten, bis sie knistern. Die Zwiebeln zufügen und mitbraten, bis sie weich und goldgelb sind. Die Ingwer-Knoblauch-Paste dazugeben und noch 2–3 Minuten rühren.

Die Wachteln in die Pfanne legen und bei niedriger Temperatur 3–4 Minuten leicht anbraten. Die Zwiebeln dürfen dabei nicht anbrennen. Die Tomaten, ½ Teelöffel Salz, das Chilipulver und den Koriander zufügen. Die Temperatur erhöhen und das Ganze 15–20 Minuten köcheln lassen, bis sich das Fett abscheidet und die Wachteln gar sind – dabei gelegentlich rühren.

Das Gericht abschmecken, mit dem *garam masala* bestreuen und vor dem Servieren mit den Korianderstängeln garnieren. Dazu passt Fladenbrot wie *chapati* oder *naan* (Rezepte Seite 134 und 136).

4 Wachteln, enthäutet
1 TL Salz (oder nach Geschmack)
60 g Joghurt
4 EL Sonnenblumenöl
1 EL Koriandersamen
10 grüne Kardamomkapseln
5 Gewürznelken
2 · 2,5 cm Zimtstange oder Kassiarinde
200 g Zwiebeln, in feine Ringe geschnitten
2 EL Ingwer-Knoblauch-Paste*
6 Tomaten, gewürfelt
2 TL Chilipulver
2 TL gemahlener Koriander
1 TL *garam masala**

GARNITUR:
Korianderstängel

SURTI SANTARA NA CHHAL MA BATHAK

Entencurry mit Orange GUJARAT, WESTINDIEN

In Gujarat dominieren zwar die trockenen und kargen Landstriche, trotzdem versteht man hier, abwechslungsreich zu kochen. Von der Parsi-Küche beeinflusst ist dieses Rezept mit dem aparten Zusammenspiel von frischer Orange und exotischen Gewürzen.

Die Entenbrustfilets jeweils in 4–5 Stücke schneiden. In einer Schmorpfanne das Öl erhitzen. Die ganzen Gewürze anbraten, bis sie knistern. Dann die Zwiebeln mitbraten, bis sie weich und hellgelb sind.

Die Ingwer-Knoblauch-Paste mit den Chilis zufügen und 2–3 Minuten rühren. Die gemahlenen Gewürze 30 Sekunden mitbraten. Nun das Fleisch in die Pfanne geben und ringsum hellbraun anbraten. Die Tomaten mit ½ Teelöffel Salz untermischen und anschließend 100 ml Wasser mit der Hälfte des Orangensafts zugießen. Alles 20 Minuten köcheln lassen.

Inzwischen die Orangenschale in feine Streifen schneiden, 1 Minute in kochendem Wasser blanchieren und abseihen.

Die Orangenschale und den restlichen Saft in die Pfanne geben und alles weiterköcheln lassen, bis das Fleisch richtig gar ist. Abschmecken und vor dem Servieren noch mit dem Koriander und *garam masala* bestreuen.

600 g Entenbrustfilets, enthäutet
100 ml Pflanzenöl
½ TL Kreuzkümmel
5 cm Zimtstange oder Kassiarinde
2 Gewürznelken
4 grüne Kardamomkapseln
200 g Zwiebeln, in Ringe geschnitten
2 TL Ingwer-Knoblauch-Paste*
3 grüne Chilischoten, gehackt
1 TL Chilipulver
1 TL gemahlene Kurkuma
2 TL gemahlener Kreuzkümmel
100 g Tomaten, gehackt
½ TL Salz (oder nach Geschmack)
300 ml Orangensaft
fein abgeschälte Schale von 1 Orange
1 EL Korianderblätter, gehackt
½ TL *garam masala**

PURA KICHILI PAZHAM MELAGU KARI
Wildtauben mit Orange   TAMIL NADU, SÜDINDIEN

Tauben kommen in Indien zwar eher selten auf den Tisch, trotzdem spielen sie eine Rolle in manch interessantem Rezept auf dem Subkontinent. Die Volksgruppe der Chettiar in Tamil Nadu hat ein Faible für diese Tiere. Dieses Rezept verlangt möglichst junge Wildtauben, die sich durch ihr würziges, festes Fleisch auszeichnen. Die Leber sollten Sie wegen ihres delikaten Geschmacks unbedingt mitverwenden.

Die Tauben jeweils in 4 Teile (2 Schenkel und 2 Brusthälften mit den Flügeln) zerlegen und enthäuten. Den Orangensaft mit der Ingwer-Knoblauch-Paste, Kurkuma und Salz verrühren – die Orangenschale wird erst später gebraucht. Die Taubenteile in einer flachen Schüssel mit der Mischung beträufeln und wenden, bis sie gleichmäßig überzogen sind. An einem kühlen Platz mindestens 30 Minuten marinieren.

Nun das Öl in einer Pfanne erhitzen und die Curryblätter 1–2 Minuten braten. Die Zwiebeln zufügen und unter häufigem Rühren weich und goldgelb werden lassen.

Für das Gewürzpulver die Zutaten in einer schweren Pfanne bei mittlerer Temperatur 2–3 Minuten trocken rösten, bis sie knistern, dabei die Pfanne immer wieder rütteln. Abkühlen lassen und in einer Gewürzmühle, im Mixer oder im Mörser fein mahlen.

Nach Ablauf der Marinierzeit das geröstete Gewürzpulver in die Pfanne mit den Zwiebeln einrühren und nach 1 Minute die Taubenteile (einschließlich der Leber) mitsamt der Marinade zufügen. Einige Minuten anbraten, bis sie etwas Farbe angenommen haben, dann 250 ml Wasser zugießen und erhitzen, bis es köchelt. Das Gericht etwa 45 Minuten sanft schmoren, bis das Fleisch gar ist.

Den Koriander und die Orangenschale gründlich untermischen und das Gericht heiß mit *chapati* (Rezept Seite 134) servieren.

---

2 ganze Ringeltauben, küchenfertig vorbereitet (die Leber aufbewahrt)
abgeriebene Schale und Saft von 1 Orange
2 TL Ingwer-Knoblauch-Paste*
½ TL gemahlene Kurkuma
1 TL Salz
4 EL Pflanzenöl
10 Curryblätter
2 mittelgroße Zwiebeln, in feine Ringe geschnitten
4 EL Korianderblätter, gehackt

GERÖSTETES GEWÜRZPULVER:
1 TL schwarze Pfefferkörner
1 TL Kreuzkümmel
2 TL Fenchelsamen
1 Stück Sternanis
5 grüne Kardamomkapseln
2 Gewürznelken
2,5 cm Zimtstange oder Kassiarinde

LAGAN KA TITAR

Langsam gegartes Rebhuhn NORDINDIEN

Noch bis vor kurzem gab es in Indien viele *chidimaar*, Vogeljäger. Sie verkauften ihre Beute an Federwild an der Haustür. Seit die Regierung die Tiere stärker unter Schutz gestellt hat, ist der Beruf des Vogeljägers selten geworden und Geflügel aus freier Wildbahn ist eine noch begehrtere Delikatesse als zuvor. Wie auch im Rezeptnamen anklingt, wird dieses Gericht traditionsgemäß in einer *lagan*, einer Kasserolle mit sehr fest schließendem Deckel, über Holzkohlenglut zubereitet. Es gelingt aber genauso mit einem entsprechenden Topf in einem herkömmlichen Backofen. Durch vorheriges Marinieren übersteht Wildgeflügel die lange Garzeit, ohne auszutrocknen. Die *chironji*-Samen aus dem Nordosten Indiens schmecken nach Mandeln. Sie können durch Melonenkerne ersetzt werden.

Die Rebhühner jeweils in 4 Teile (2 Schenkel und 2 Brusthälften mit Flügeln) zerlegen und enthäuten. In eine flache Schüssel geben, mit der Ingwer-Knoblauch-Paste bestreichen und mit dem Salz bestreuen. 30 Minuten ruhen lassen.

Inzwischen die Pfefferkörner, Kardamomkapseln, Zimtstange und Muskatblüte in einer Gewürzmühle, im Mixer oder im Mörser zu feinem Pulver verarbeiten. Zuletzt die gemahlene Muskatnuss untermischen und das Gewürzpulver beiseite stellen.

Für die Kokos-Saat-Paste die Mohnsamen, Kokosraspel und *chironji*-Samen oder Melonenkerne in einer Pfanne ohne Fett bei mittlerer Temperatur goldgelb rösten. Die Mischung etwas abkühlen lassen und mit 2 Esslöffeln Wasser im Mixer fein pürieren.

Diese Paste mit dem Gewürzpulver, dem Joghurt und der Zwiebel-Joghurt-Paste in einem großen Topf mit fest schließendem Deckel vermischen. Die übrigen Marinadezutaten mit 800 ml Wasser einrühren. Die Geflügelteile in der Mischung wenden, bis sie gleichmäßig überzogen sind, und zugedeckt 30 Minuten marinieren. Inzwischen den Backofen auf 170 °C (Umluftherd 150 °C) vorheizen.

Das Mehl mit ausreichend Wasser zu einer zähen Paste vermischen und den Topf damit versiegeln. Für 35–45 Minuten in den Ofen schieben, bis das Fleisch gar ist.

Vor dem Servieren mit dem gehackten Koriander bestreuen.

2 Rebhühner, küchenfertig vorbereitet
1½ EL Ingwer-Knoblauch-Paste*
1 TL Salz

GEWÜRZPULVER:
1 TL schwarze Pfefferkörner
1 schwarze Kardamomkapsel
6 grüne Kardamomkapseln
2,5 cm Zimtstange oder Kassiarinde
1 Muskatblüte (Macis)
½ TL Muskatnuss, frisch gerieben

KOKOS-SAAT-PASTE:
10 g weiße Mohnsamen
30 g ungesüßte Kokosraspel, geröstet
25 g *chironji*-Samen oder Melonenkerne, geröstet

ZUM MARINIEREN:
200 g dicker Joghurt
100 g Zwiebel-Joghurt-Paste*
100 g Butter, zerlassen
3–5 Gewürznelken
1 Lorbeerblatt
10 g Mandelstifte
10 g Pistazienstifte
5–6 Safranfäden*, in 1 EL Milch eingeweicht
1 EL *kewra*-Blütenwasser*

GARNITUR:
1 EL Korianderblätter, gehackt

AUSSERDEM:
150 g Mehl

FLEISCH

Bevor mit den Muslimen und Briten fremde Einflüsse ins Land kamen, ernährte sich die indische Bevölkerung – abgesehen von der Kaste der Krieger – rein vegetarisch. Inzwischen hat die Zahl der Fleischesser zugenommen. In Kaschmir steht Lamm an erster Stelle, anderswo dagegen Ziege, während Rind und Schwein nach wie vor sehr selten gegessen werden. Reh kommt nur in Restaurants oder bei festlichen Anlässen auf den Tisch. Inder lieben das Fleisch gut durchgegart, roh oder auch nur »medium« wird es nie serviert. Die Zubereitungs- und Würztechniken variieren von Region zu Region.

ROGAN JOSH
Rotes Lammcurry Kaschmir-Art NORDINDIEN

Rogan josh ist ein Klassiker, in den nur Lammfleisch und nichts anderes hineingehört – darin ist man sich einig. Über die Herkunft seines Namens herrscht indes Uneinigkeit. Manche behaupten, die violette Rinde des in Kaschmir heimischen *ratanjog*-Baumes müsse in Öl gekocht werden und dieses – das *rogan* – werde dann zur Zubereitung des Currys verwendet. Anderen zufolge bezeichnet *rogan* lediglich das rötliche Chiliöl, das sich zuletzt oben auf dem Gericht absetzt. Kürzlich traf ich mich mit einigen alten Schulfreunden aus Kaschmir, die hingegen meinten, das Gericht erhalte seine charakteristische Farbe durch *marwal ka phool*, einen Extrakt aus Hahnenkammblüten. Wie dem auch sei, erscheint es mir am einfachsten, rote Chilischoten und Tomatenmark als »Färbemittel« zu nutzen. Ein weiterer Punkt, an dem sich die Geister scheiden, sind die Mandeln. Ich finde es absolut sinnvoll, für das »Nationalgericht« Kaschmirs auch einheimische Erzeugnisse zu verwenden. Daher lege ich das Lammfleisch in eine Joghurtmarinade mit zerstoßenen Mandeln und Safran ein. Sie liefert zudem eine wundervolle geschmackliche Grundlage für die würzigen Ingredienzen, die anschließend ins Spiel kommen.

Das Fleisch in eine flache Schüssel geben. Für die Marinade den Joghurt mit dem Safran und den Mandeln gründlich verrühren. Zum Fleisch geben, durchmischen und an einem kühlen Platz 2 Stunden marinieren.

Für das *garam masala* die ganzen Gewürze im Mixer, im Mörser oder in einer Gewürzmühle fein mahlen.

Nun das Öl in einem schweren Topf erhitzen. Das *garam masala* zufügen und rühren, bis die Mischung knistert. Die Zwiebeln dazugeben und unter häufigem Rühren in 8–12 Minuten weich und goldgelb schwitzen. Nun die Ingwer-Knoblauch-Paste noch 2–3 Minuten mitbraten.

Das Fleisch samt der Marinade in den Topf geben. Durchmischen und etwa 30 Minuten garen, bis es braun und zu drei Vierteln gar ist. Es gart eigentlich in seinem eigenen Saft. Dennoch können Sie, falls sich ganz wenig Flüssigkeit im Topf befindet, etwas Wasser oder Lammbrühe zugießen. Wenn das Fleisch gebräunt ist, setzt es leicht am Topfboden an. Häufiges Rühren wirkt dem entgegen.

Die gemahlenen Gewürze untermischen und das Gericht weitere 3–5 Minuten garen, dabei nach Bedarf etwas Wasser zugießen. Das Salz und das Tomatenmark zufügen und weiterrühren, bis das Fleisch richtig gar ist. Zuletzt den gehackten Koriander untermischen.

Das Curry, garniert mit ganzen roten Chilis, mit Koriander-Chutney (Rezept Seite 138) und Safranreis oder Fladenbrot servieren.

1 kg Lammkeule mit Knochen, in 5 cm große Stücke gehackt

MARINADE:

150 g Joghurt, leicht geschlagen

1 Prise Safranfäden*

2 EL blanchierte Mandeln, zerstoßen

6 EL Pflanzenöl

350 g Zwiebeln, in feine Ringe geschnitten

2 EL Ingwer-Knoblauch-Paste*

1½ TL Chilipulver

2 EL gemahlener Koriander

1 TL *garam masala**

1 TL gemahlene Kurkuma

½ TL Salz (nach Geschmack)

2 EL Tomatenmark

3 EL Korianderblätter, fein gehackt

GARAM MASALA:

1½ TL Kreuzkümmel

6 grüne Kardamomkapseln

2 schwarze Kardamomkapseln

2,5 cm Zimtstange oder Kassiarinde

8 Gewürznelken

2 Muskatblüten (Macis)

1 EL schwarze Pfefferkörner

GARNITUR:

getrocknete rote Chilischoten

VADAMA KARI KOZHAMBU
Lammcurry mit Mandeln TAMIL NADU, SÜDINDIEN

Laut Originalrezept wird das Curry mit *vadagam* aromatisiert, einer gemahlenen Mischung sonnengetrockneter Hülsenfrüchte und Gewürze. Sie ist aufwendig in der Herstellung und in Asia-Läden kaum zu bekommen. Also verwende ich hier einfach ganze Gewürze.

Das Fleisch in 4 cm große Stücke schneiden. Die Mandeln, mit warmem Wasser bedeckt, 10 Minuten einweichen. Abseihen und mit dem Mohn im Mixer zu einer Paste verarbeiten. Das Tamarindenmark in 4 Esslöffeln warmem Wasser 20 Minuten einweichen, danach durch ein feines Sieb streichen.

In einer Schmorpfanne das Öl erhitzen. Die ganzen Gewürze und die Curryblätter braten, bis sie knistern. Die Zwiebeln untermischen und weich und goldgelb dünsten. Die Ingwer-Knoblauch-Paste 2–3 Minuten mitbraten, bis sie aromatisch duftet.

Nun die Tomaten etwa 10 Minuten mitgaren. Die gemahlenen Gewürze zufügen und 2–3 Minuten rühren, dabei nach Bedarf etwas Wasser zugießen.

Das Fleisch in die Pfanne geben, ringsum anbraten und salzen. 200 ml Wasser zugießen und alles bei niedriger Temperatur 30 Minuten köcheln lassen. Mandelpaste und Tamarinde einrühren und das Fleisch in etwa 15 Minuten fertig garen – dabei nach Bedarf noch etwas Wasser zugießen. Das Curry zuletzt mit den Mandeln und den Korianderblättern bestreuen.

500 g Lammkeule ohne Knochen
200 g blanchierte Mandeln
2 TL Mohnsamen
30 g Tamarindenmark*
2 EL Öl
3 Gewürznelken
2 Zimtstangen
3 grüne Kardamomkapseln
8 Curryblätter
2 mittelgroße Zwiebeln, gehackt
2 TL Ingwer-Knoblauch-Paste*
2 mittelgroße Tomaten, gehackt
½ TL gemahlene Kurkuma
3 TL gemahlener Koriander
2 TL Chilipulver
1 TL Salz (oder nach Geschmack)
20 Mandelstifte, leicht geröstet
Korianderblätter

GHAZAALA
Lammfleisch mit grünen Chilis HYDERABAD, SÜDINDIEN

Die meiste Schärfe sitzt bei Chilischoten in den Samen und Scheidewänden, während das Fruchtfleisch vor allem Aroma beisteuert. Dicke Chilis sind an sich schon weniger feurig und dafür aromatischer.

Das Fleisch in 2–3 cm große Würfel schneiden. Die Hälfte der Chilis im Mixer pürieren und in einer Schüssel mit dem Joghurt, der Kurkuma, dem gerösteten Koriander und dem Salz vermischen. Zugedeckt beiseite stellen.

Die restlichen Chilis in einer Schmorpfanne im Öl 2 Minuten braten, danach herausnehmen. Im selben Öl die Zwiebeln weich und hellbraun dünsten.

Das Fleisch dazugeben und ringsum braun anbraten. Anschließend unter häufigem Rühren 15–20 Minuten garen, bis der gesamte Saft verdampft ist. Die Ingwer-Knoblauch-Paste zufügen und 2–3 Minuten kräftig anbraten, bis sie aromatisch duftet.

Die Joghurtmischung mit 200 ml Wasser zufügen und etwa 20 Minuten köcheln lassen, bis das Fleisch gar ist. Die gebratenen Chilis und den gehackten Koriander untermischen und alles noch einige Minuten köcheln lassen. Zuletzt die Limettenschale und den Saft zufügen.

500 g Lammkeule ohne Knochen
100 g dicke grüne Chilischoten, längs aufgeschlitzt, Samen und Scheidewände entfernt
200 g Joghurt
1 TL gemahlene Kurkuma
3 TL Koriandersamen, geröstet und leicht zerstoßen
1 TL Salz (oder nach Geschmack)
60 ml Pflanzenöl
600 g Zwiebeln, in feine Ringe geschnitten
2 TL Ingwer-Knoblauch-Paste*
4 EL Korianderblätter, gehackt
abgeriebene Schale und Saft von 3 Limetten

SALLI MA KHARU GOSHT

Lammcurry nach Art der Parsen WESTINDIEN

Das der Parsi-Küche entlehnte Rezept kommt ohne extravagante Zutaten aus und ist auch sonst nicht allzu kompliziert. Das Ergebnis kann sich aber wirklich sehen lassen.

Das Fleisch in 4 cm große Würfel schneiden. In einer Schmorpfanne das Öl erhitzen und die ganzen Gewürze zusammen mit der getrockneten Chilischote braten, bis sie knistern. Die Zwiebeln dazugeben und mitbraten. Sobald sie weich und goldbraun sind, 3 Esslöffel Wasser zufügen und köchelnd verdampfen lassen.

Die Ingwer-Knoblauch-Paste einrühren und 2 Minuten braten, bis sie aromatisch duften. Die gemahlenen Gewürze und das Salz untermischen und 1 Minute rühren. Nun das Fleisch zusammen mit den Tomaten (falls verwendet) zufügen und in 3–5 Minuten kräftig anbraten. Die grünen Chilis und 100 ml Wasser dazugeben. Alles bei niedriger Temperatur unter häufigem Rühren 40 Minuten köcheln lassen, bis das Fleisch gar ist.

Inzwischen für die Garnitur die Kartoffeln schälen. In höchstens 1,5 mm dicke Stifte schneiden und mit Küchenpapier trockentupfen. Reichlich Öl in der Fritteuse oder einem geeigneten Topf auf 190 °C erhitzen und die Kartoffeln portionsweise in 2–3 Minuten knusprig und goldbraun frittieren. Mit einer Schaumkelle herausnehmen und auf Küchenpapier abtropfen lassen.

Das Curry in einzelnen Schalen anrichten, mit dem Koriander bestreuen und darauf die Streichholzkartoffeln häufen. Sofort servieren.

500 g Lammkeule ohne Knochen
4 EL Pflanzenöl
2,5 cm Zimtstange oder Kassiarinde
2 Gewürznelken
3 grüne Kardamomkapseln
1 getrocknete rote Chilischote
3 große Zwiebeln, in Ringe geschnitten
1½ TL Ingwer-Knoblauch-Paste*
1 TL gemahlene Kurkuma
2 TL gemahlener Kreuzkümmel
1 TL Chilipulver
1 TL Salz
2 Tomaten, gehackt (nach Belieben)
3 grüne Chilischoten, längs aufgeschlitzt und die Samen entfernt

GARNITUR:
2 Kartoffeln
Pflanzenöl zum Frittieren
Korianderblätter, in feine Streifen geschnitten

KOSHA MANGSHO

Bengalisches Lammcurry OSTINDIEN

Bei großem Appetit auf eine dicke, herzhafte Sauce mit viel Fleischgeschmack ist dieses Curry die richtige Wahl. Dünne *chapati* (Rezept Seite 134) oder auch Tortillas passen perfekt dazu.

Das Fleisch in eine flache Schüssel geben. Den Joghurt mit dem Salz und der Kurkuma verrühren. Zum Fleisch geben, durchmischen und an einem kühlen Platz 45 Minuten marinieren.

Die Zwiebeln in einer Schmorpfanne im Öl weich und hellgelb schwitzen. Das Fleisch mit der Marinade zufügen und ringsum braun anbraten.

Die Ingwer-Knoblauch-Paste einrühren. Sobald sie nach 2–3 Minuten aromatisch duftet, die gemahlenen Gewürze zufügen und 1 Minute mitbraten. Das Tomatenmark und 300 ml Wasser dazugeben. Das Curry bei niedriger Temperatur etwa 40 Minuten köcheln lassen, bis das Fleisch gar ist.

Mit dem *garam masala* und dem gehackten Koriander bestreuen und heiß servieren.

1 kg Lammkeule mit Knochen, in 5 cm große Stücke gehackt
100 g Joghurt
1 TL Salz (oder nach Geschmack)
1 TL gemahlene Kurkuma
6 EL Pflanzenöl
150 g Zwiebeln, in Ringe geschnitten
3 TL Ingwer-Knoblauch-Paste*
2½ TL gemahlener Koriander
2 TL gemahlener Kreuzkümmel
1½ TL Chilipulver
1 EL Tomatenmark oder 2 Tomaten, gehackt
½ TL *garam masala**
1 EL Korianderblätter, gehackt

CHAAP KARI VARUVAL

Curry von Lammkoteletts TAMIL NADU, SÜDINDIEN

Dieses Rezept stammt aus einer Region, in der ich gern noch einmal das Licht der Welt erblicken würde. Ihre Küche ist so raffiniert, dass man angeblich, um sie wirklich zu meistern, als Chettiar geboren sein muss. Die Chettiars waren durch ihre Handelsaktivitäten einst überall in Südindien und in Südostasien herumgekommen und hatten sich dabei fremde Spezialitäten wie roten Klebreis zu Eigen gemacht. Ihre Gerichte erhalten unter anderem durch den *kalpasi*-Pilz, einen Hartbovist, und *marathi mukka*, die an Gewürznelken erinnernden Knospen eines einheimischen Baumes, ihre charakteristische Note. Natürlich sind diese in unseren Breiten nicht erhältlich, aber mit einer Kombination einfacher Gewürze erzielt man ein ähnliches Geschmacksprofil.

Die Lammkoteletts mit einem Fleischklopfer etwas plattieren und in eine flache Schüssel legen. Den Joghurt mit dem Salz und der Kurkuma verrühren. Die Koteletts damit bestreichen und an einem kühlen Platz 1 Stunde marinieren.

Für die Würzpaste das Öl in einer Pfanne erhitzen und die ganzen Gewürze darin braten. Sobald sie knistern, die Zwiebelringe zufügen und weich und goldgelb schwitzen. Die Ingwer-Knoblauch-Paste einige Minuten mitbraten, bis sie aromatisch duftet. Die Tomaten mit den Chilis dazugeben und alles braten, bis sich das Fett abscheidet. Zuletzt den gehackten Koriander untermischen und die Pfanne vom Herd nehmen. Die Mischung nach 5 Minuten, wenn sie etwas abgekühlt ist, im Mixer glatt pürieren.

Nun das Öl in einer Schmorpfanne erhitzen. Die Lorbeerblätter, den Zimt, den Kardamom und die Nelke 1 Minute braten. Die Zwiebeln dazugeben und glasig werden lassen. Die Würzpaste untermischen und braten, bis sie goldgelb anläuft.

Die Koteletts einlegen und garen, bis sich das Öl allmählich von der Würzpaste abscheidet. Den Limettensaft untermischen. Das Gericht abschmecken und weitergaren, bis das Fleisch schön zart ist.

Auf einer vorgewärmten Servierplatte anrichten und zuletzt mit dem gehackten Koriander und den Ingwerstreifen garnieren.

300 g Lammkoteletts mit langen Rippenknochen
2 EL Joghurt
1 TL Salz (oder nach Geschmack)
1 TL gemahlene Kurkuma
2½ EL Öl
2 Lorbeerblätter
2,5 cm Zimtstange oder Kassiarinde
1 grüne Kardamomkapsel
1 Gewürznelke
2 mittelgroße Zwiebeln, in Scheiben geschnitten
1 TL Limettensaft

WÜRZPASTE:
1 EL Öl
2 TL Koriandersamen
1 TL schwarze Pfefferkörner
1 TL Fenchelsamen
3 Gewürznelken
2,5 cm Zimtstange oder Kassiarinde
2 grüne Kardamomkapseln
1 mittelgroße Zwiebel, in feine Ringe geschnitten
1 EL Ingwer-Knoblauch-Paste*
2 Tomaten, grob gehackt
4 grüne Chilischoten, fein gehackt
4 EL Korianderblätter, fein gehackt

GARNITUR:
Korianderblätter, gehackt
Ingwerwurzel, in feine Streifen geschnitten

RAAN E SIKANDER
Lammkeule mit würziger Sauce NORDINDIEN

Die Kombination von zwei Garmethoden sorgt bei diesem afghanisch gefärbten Rezept für einen herzhaft-saftigen Genuss.

Das Fleisch mehrmals tief einschneiden. Die Ingwer-Knoblauch-Paste mit 1½ Teelöffeln Chilipulver und 3 Esslöffeln Öl vermischen und in das Fleisch – auch die Einschnitte – einmassieren. 4 Stunden marinieren. Den Backofen auf 170 °C (Umluftherd 150 °C) vorheizen.

In einer ofenfesten Kasserolle, in der die Lammkeule Platz hat, das restliche Öl erhitzen. Die ganzen Gewürze samt dem Lorbeer anbraten. Nach 1 Minute die Zwiebeln zufügen und weich dünsten. Die gemahlenen Gewürze mit 1 Teelöffel Chilipulver dazugeben und alles braten, bis sich das Öl abscheidet.

Das Tomatenmark und das Salz untermischen, dann die Lammkeule einlegen. Den Topf mit Alufolie und einem Deckel fest verschließen und für 50 Minuten bis zu 1½ Stunden in den Ofen schieben, bis das Fleisch richtig zart ist – dabei die Lammkeule ein- oder zweimal wenden.

Die Lammkeule zuletzt herausnehmen und unter dem heißen Grill in einigen Minuten kräftig bräunen. Gleichzeitig die Sauce auf dem Herd eindicken lassen und durchsieben. Das Fleisch mit der Sauce servieren.

1 kleine Lammkeule (etwa 1 kg), küchenfertig vorbereitet
4 EL Ingwer-Knoblauch-Paste*
2½ TL Chilipulver
120 ml Pflanzenöl
3 Gewürznelken
4 grüne Kardamomkapseln
3 schwarze Kardamomkapseln
5 cm Zimtstange oder Kassiarinde
2 Stück Sternanis
1 Lorbeerblatt
4 mittelgroße Zwiebeln, in feine Ringe geschnitten
2 TL gemahlener Koriander
2 TL gemahlener Kreuzkümmel
1 TL gemahlene Kurkuma
1 EL Tomatenmark
1 TL Salz (oder nach Geschmack)

KAIRI KA GOSHT DO PIAZA
Lamm mit Mango-Zwiebel-Sauce SÜDINDIEN

Sowohl Lucknow im Norden als auch Hyderabad im Süden beanspruchen das Urheberrecht für dieses Rezept. Ich finde die südindische Version der beigefügten Mango wegen noch interessanter.

Das Fleisch in 2–3 cm große Würfel schneiden. Zwei der Zwiebeln grob zerkleinern und im Mixer oder der Küchenmaschine glatt pürieren. Die anderen beiden Zwiebeln in Scheiben schneiden und in einer Schmorpfanne im Öl weich und goldbraun braten. Herausnehmen und beiseite stellen.

Das Zwiebelpüree in der Pfanne in 3–5 Minuten goldbraun anlaufen lassen. Die Ingwer-Knoblauch-Paste 2–3 Minuten mitbraten, bis sie aromatisch duftet, anschließend die gemahlenen Gewürze 30 Sekunden lang einrühren.

Das Fleisch zufügen, salzen und unter Rühren in 3–5 Minuten hellbraun anbraten. 100 ml Wasser zugießen und einige Minuten köcheln lassen. Mango, Zucker und Chilis untermischen und alles 30 Minuten köcheln lassen, bis das Fleisch beinahe gar ist – dabei nach Bedarf etwas mehr Wasser zugießen.

Inzwischen den Koriander im Mixer pürieren. Mit den Curryblättern in die Sauce einrühren und alles noch 10 Minuten köcheln lassen.

In einem Topf 1 Esslöffel Öl erhitzen und den Knoblauch mit Senfsamen und Chilis hellbraun braten. Vor dem Servieren auf das Gericht geben.

600 g Lammkeule ohne Knochen
4 mittelgroße Zwiebeln
5 EL Pflanzenöl
1 EL Ingwer-Knoblauch-Paste*
½ TL gemahlene Kurkuma
1 TL *garam masala**
1 TL Chilipulver
1 TL Salz (oder nach Geschmack)
1 Mango, geschält und in feine Streifen geschnitten
1 TL Zucker
3 grüne Chilischoten, fein gehackt
60 g Korianderblätter
10 Curryblätter, grob gehackt
1 EL Öl
4 Knoblauchzehen, in Scheiben geschnitten
1 TL schwarze Senfsamen
2 grüne Chilischoten, längs aufgeschlitzt

MARATHI NALLI GOSHT
Lammhaxe nach Art der Marathen

MAHARASHTRA, WESTINDIEN

Abwechslungsreiche Geschmackseindrücke und Texturen sind die hervorstechenden Merkmale der Zubereitungen dieser Region, genauso wie das Spektrum würzender Zutaten: Erdnüsse, Sesamsamen, rote Chilischoten, Zwiebeln und Knoblauch werden viel verwendet. Das nachfolgende Rezept entstammt der Küche der Marathen, einer einst mächtigen Krieger- und Bauernkaste, die das Vorrecht besaß, Fleisch zu essen.

Die Lammhaxen in eine flache Schüssel legen. Die Marinadezutaten vermischen und das Fleisch damit kräftig einreiben. Zugedeckt im Kühlschrank 4–6 Stunden marinieren.

Für die geröstete Würzmischung in einer schweren Pfanne die Chilis, den Zimt, die Nelken, den Kardamom, die Koriandersamen und den Sesam ohne Zugabe von Fett bei mittlerer Temperatur 2–3 Minuten rösten, bis die Mischung knistert – dabei die Pfanne ständig rütteln. Abkühlen lassen und im Mixer, im Mörser oder in einer Gewürzmühle fein mahlen.

Für die Sauce zwei der Zwiebeln in feine Ringe schneiden und die dritte fein hacken. Das Öl in einem schweren, eventuell ofenfesten Topf erhitzen. Die Zwiebelringe weich und goldgelb dünsten und dann die gehackte Zwiebel zufügen. Sobald sie ebenfalls weich und gebräunt ist, die Ingwer-Knoblauch-Paste einrühren und 2–3 Minuten mitbraten, bis sie aromatisch duftet. Die Kurkuma und die geröstete Würzmischung zufügen und alles noch 30 Sekunden braten.

Die Lammhaxen in den Topf legen und ringsum anbraten. Nun das Tomatenmark, das Salz und 100 ml Wasser zufügen. Unter Rühren zum Köcheln bringen, dann das Fleisch zugedeckt in etwa 45 Minuten entweder auf dem Herd bei niedriger Temperatur oder im vorgeheizten Ofen (180 °C, Umluftherd 160 °C) gar schmoren – dabei während der letzten 10 Minuten den Deckel abnehmen.

Die Lammhaxen aus der Sauce nehmen und auf einer vorgewärmten Platte warm stellen. Die Sauce im Mixer glatt pürieren, über einem sauberen Topf durchsieben und nochmals sanft aufwärmen. Zuletzt den gehackten Koriander einrühren.

Die Lammhaxen mit der Sauce übergießen und mit Streifen von Frühlingszwiebeln garnieren.

2 kleine Lammhaxen

MARINADE:
1 TL getrocknete rote Chilischoten, zerstoßen
1 EL Ingwer-Knoblauch-Paste*
½ TL gemahlene Kurkuma
3 EL Joghurt
1 EL Limettensaft
2 EL Pflanzenöl

GERÖSTETE WÜRZMISCHUNG:
4 getrocknete rote Chilischoten
5 cm Zimtstange oder Kassiarinde
8 Gewürznelken
8 grüne Kardamomkapseln
2 schwarze Kardamomkapseln
2 EL Koriandersamen
1 TL Sesamsamen

SAUCE:
3 große Zwiebeln
5 EL Pflanzenöl
1½ EL Ingwer-Knoblauch-Paste*
1½ TL gemahlene Kurkuma
1 EL Tomatenmark
½ TL Salz (oder nach Geschmack)
1 EL Korianderblätter, gehackt

GARNITUR:
Frühlingszwiebeln, in feine Streifen geschnitten

MANGSHO GHUGNI

Lammcurry mit Kichererbsen BENGALEN, OSTINDIEN

Während dieses Curry traditionsgemäß mit gewürfeltem Fleisch zubereitet wird, ziehe ich ganze Scheiben aus der Lammkeule vor. Sie können statt der getrockneten Kichererbsen auch solche aus der Dose verwenden, die nicht vorgekocht werden.

Das Fleisch in 4 gleich große Scheiben schneiden. Die Kichererbsen abseihen. In einem Topf mit frischem Wasser bedecken, mit 1 Lorbeerblatt, 1 Nelke und 1 Kardamomkapsel zum Kochen bringen. Etwa 2 Stunden köcheln lassen, bis sie gar sind, dabei erst gegen Ende des Garvorgangs ½ Teelöffel Salz zufügen. Abseihen und beiseite stellen.

In einer Schmorpfanne das Öl erhitzen. Die restlichen Lorbeerblätter, Nelken und Kardamomkapseln zufügen und, sobald sie knistern, die Zwiebeln mitbraten, bis sie weich und glasig sind. Die Ingwer-Knoblauch-Paste dazugeben und 2–3 Minuten unter Rühren braten. Den gemahlenen Koriander, das Chilipulver und den Kreuzkümmel 30 Sekunden lang untermischen.

Tomaten und Fleisch dazugeben, salzen und das Ganze mit Wasser bedecken. Etwa 30 Minuten garen. Die Kichererbsen zufügen und alles noch 5–10 Minuten köcheln lassen, bis das Fleisch zart ist. Mit *garam masala* bestreuen und mit Koriander und Ingwerstreifen garnieren.

400 g Lammfleisch aus der Keule
150 g Kichererbsen, über Nacht in kaltem Wasser eingeweicht
3 Lorbeerblätter
7 Gewürznelken
4 schwarze Kardamomkapseln
1 TL Salz (oder nach Geschmack)
6 EL Pflanzen- oder Senföl
200 g Zwiebeln, in feine Ringe geschnitten
1½ EL Ingwer-Knoblauch-Paste*
1 TL gemahlener Koriander
1 TL Chilipulver
1 TL gemahlener Kreuzkümmel
200 g Tomaten, fein gehackt

GARNITUR:
½ TL *garam masala*
Korianderblätter, gehackt
Ingwerwurzel, in feine Streifen geschnitten

ALOO GOSHT SALAN

Lamm-Kartoffel-Topf BIHAR, OSTINDIEN

Im Osten des Landes wird Lammfleisch gern mit Kartoffeln kombiniert. Bei diesem Rezept nehmen sie den Fleischsaft in sich auf, was einfach köstlich schmeckt.

Das Fleisch in 4 cm große Würfel schneiden. Das Öl in einer Schmorpfanne erhitzen und den Ingwer 30 Sekunden braten. Die ganzen Gewürze samt dem Lorbeer zufügen und kräftig braten, bis sie knistern. Nun die Zwiebeln, in feine Ringe geschnitten, mitbraten, bis sie weich und goldgelb sind.

Die Fleischwürfel in die Pfanne geben und in 10–12 Minuten ringsum braun anbraten. Mit dem Chilipulver, dem gemahlenen Koriander und der Kurkuma würzen. Die Kartoffeln zufügen und 2–3 Minuten mitbraten, anschließend salzen und 200 ml Wasser angießen. Das Ganze zum Köcheln bringen und 15 Minuten sanft garen, bis die Kartoffeln beinahe weich sind.

Inzwischen die Frühlingszwiebeln in 2,5 cm lange Stücke und die Paprikaschote in breite Streifen schneiden. Zusammen mit den Tomaten in die Pfanne geben und das Gericht noch 5–10 Minuten garen, bis das Fleisch zart ist.

Mit dem *garam masala* und dem gehackten Koriander bestreuen und mit gekochtem Reis oder Fladenbrot servieren.

600 g Lammkeule ohne Knochen
4 EL Pflanzenöl
2 EL Ingwerwurzel, fein gehackt
4 Gewürznelken
2 schwarze Kardamomkapseln
1½ TL Kreuzkümmel
2 Lorbeerblätter
4 mittelgroße Zwiebeln
1 TL Chilipulver
1½ TL gemahlener Koriander
1½ TL gemahlene Kurkuma
2 mittelgroße Kartoffeln, in Spalten geschnitten
½ TL Salz (oder nach Geschmack)
4 Frühlingszwiebeln, geputzt
1 rote Paprikaschote, Samen entfernt
3 mittelgroße Tomaten, in Spalten geschnitten
½ TL *garam masala*
1 EL Korianderblätter, gehackt

ERACHI OLARTHIYATHU

Lammcurry à la George   KERALA, SÜDINDIEN

Während meiner Kochausbildung lernte ich George K. George kennen, der ein Jahr älter war als ich und mich schon damals durch seine gelassene Art und innere Zufriedenheit beeindruckte. 2002 kreuzten sich unsere Wege in Kochi erneut. Seit unserer gemeinsamen College-Zeit hatte sich George kein bisschen verändert: dasselbe unkomplizierte Wesen, derselbe unerschütterliche Glaube (George ist bekennender syrischer Christ) und dieselbe Leidenschaft für den Beruf des Kochs. Ich habe viel von ihm gelernt, auch über die Küche von Kerala und unter anderem verdanke ich ihm sein Rezept für ein Rindfleischcurry, das ich hier in meiner Version mit Lamm vorstelle.

Das Fleisch in 2,5 cm große Würfel schneiden. Die Zutaten für die Würzpaste im Mixer zu einer feinen Paste verarbeiten.

Die Fleischwürfel mit der Würzpaste, der Zwiebel, dem Knoblauch, dem Ingwer, den Curryblättern, den Kokosstreifen, dem Salz und 3–4 Esslöffeln Wasser in einen schweren Topf geben. Alles erhitzen, bis es köchelt, und unter häufigem Rühren 35–40 Minuten garen, bis das Fleisch schön zart ist.

Zur geschmacklichen Abrundung das Öl in einem zweiten Topf erhitzen und die Zwiebeln mit den Curryblättern braten, bis sie weich sind und braun anlaufen. Zum Fleisch geben und alles zusammen noch 5–7 Minuten sanft köcheln lassen. Das Gericht vor dem Servieren mit gehackten Korianderblättern bestreuen.

500 g Lammkeule ohne Knochen
1 mittelgroße Zwiebel, in Ringe geschnitten
2 Knoblauchzehen, in Scheiben geschnitten
10 g Ingwerwurzel, in feine Streifen geschnitten
10 Curryblätter
50 g frische Kokosnuss*, in feine Streifen geschnitten
1 TL Salz (oder nach Geschmack)
4 EL Pflanzenöl
2 mittelgroße Zwiebeln, in feine Ringe geschnitten
10 Curryblätter

WÜRZPASTE:
1 TL Chilipulver
2 TL gemahlener Koriander
½ TL gemahlene Kurkuma
½ TL Kreuzkümmel
½ TL schwarze Pfefferkörner
2 Stück Sternanis
2,5 cm Zimtstange oder Kassiarinde
2 Gewürznelken
2 grüne Kardamomkapseln
50 ml Weißweinessig
2 EL Korianderblätter, gehackt

MAMSA ISHTEW

Aromatischer Lammtopf mit Kokosmilch KARNATAKA, SÜDINDIEN

Neben kulturellen und landschaftlichen Sehenswürdigkeiten erwarten den Besucher des Bundesstaates Karnataka speziell an der Küste zwischen Karwar und Mangalore interessant gewürzte Spezialitäten wie dieser herrliche Lammtopf. Die Liste der Zutaten mag auf den ersten Blick abschreckend wirken, aber das Gros hat man als passionierter Hobbykoch – und als Liebhaber der indischen Küche allemal – ohnehin im Haus. Überall im Süden des Subkontinents werden immer wieder andere Eintöpfe mit Lammfleisch zubereitet. Das nachfolgende Rezept zählt zu meinen Favoriten.

Das Fleisch in 4 cm große Würfel schneiden. Mit der Kokosmilch, drei Vierteln der Ingwerstreifen, dem Zitronensaft und dem Salz in einen schweren Topf geben. Etwa 30 Minuten köcheln lassen, bis das Fleisch zu drei Vierteln gar ist.

Inzwischen das Öl in einem zweiten Topf erhitzen und den Knoblauch bei niedriger Temperatur 1 Minute anschwitzen. Er soll dabei keine Farbe annehmen. Die Curryblätter und die ganzen Gewürze samt dem Lorbeer zufügen und braten, bis die Mischung knistert.

Die Zwiebeln mit den Chilis dazugeben und sanft dünsten. Sobald sie weich sind, aber noch keine Farbe angenommen haben, die Pfefferkörner, die Kurkuma, den Kreuzkümmel und die Fenchelsamen untermischen und 30 Sekunden mitbraten. Die Kartoffeln dazugeben und 8–10 Minuten unter häufigem Rühren braten, bis sie ringsum goldbraun und knusprig sind.

Die Kartoffel-Gewürz-Mischung zum Fleisch geben. Alles gründlich vermischen und bei niedriger Temperatur noch 15–20 Minuten garen, bis das Fleisch richtig zart ist.

Vor dem Servieren mit den restlichen Ingwerstreifen garnieren.

500 g Lammkeule ohne Knochen
400 ml Kokosmilch*
10 g Ingwerwurzel, in feine Streifen geschnitten
2 TL Zitronensaft
1 TL Salz (oder nach Geschmack)
3 EL Pflanzenöl
6 Knoblauchzehen, in Scheiben geschnitten
10 Curryblätter
1 Stück Sternanis
5 cm Zimtstange oder Kassiarinde
8 Gewürznelken
5 grüne Kardamomkapseln
2 Lorbeerblätter
2 mittelgroße Zwiebeln, in feine Ringe geschnitten
2 grüne Chilischoten, längs aufgeschlitzt
½ TL schwarze Pfefferkörner
1 TL gemahlene Kurkuma
2 TL gemahlener Kreuzkümmel
2 TL gemahlene Fenchelsamen
4 kleine Kartoffeln, halbiert

LAAL MAAS
Rotes Lammcurry aus Rajasthan NORDINDIEN

Während dieses Curry in seiner Originalversion an Schärfe noch das legendäre *vindaloo* aus Goa übertrifft, habe ich hier, um den westlichen Gaumen zu schonen, die Chilidosis verringert. In Indien würde, wo meine Rezepte Lamm verlangen, meist Ziegenfleisch verwendet, doch gelingt dieses Rezept mit jeder Art von Fleisch.

Das Fleisch, falls erforderlich, parieren. Den Joghurt mit den Chilis, dem Kreuzkümmel, den gemahlenen Gewürzen und dem Salz verrühren.

In einer Schmorpfanne das Öl erhitzen und den Knoblauch hellbraun anbraten. Den Kardamom zufügen und, sobald er knistert, die Zwiebeln dazugeben. Unter ständigem Rühren dünsten und goldgelb anlaufen lassen.

Das Fleisch dazugeben und bei niedriger Temperatur ringsum hellbraun anbraten. Tomatenmark untermischen und 10 Minuten köcheln lassen.

Nun den Joghurt einrühren und alles 30–40 Minuten sanft köcheln lassen, bis das Fleisch gar ist. Zuletzt mit Salz abschmecken und den gehackten Koriander unterziehen. Vor dem Servieren jede Portion mit einem Klecks des würzigen *raita* krönen.

Würziges Raita: 50 g griechischen Joghurt mit 1 Teelöffel gehackten Korianderblättern, ¼ Teelöffel geröstetem Kreuzkümmel und 1 Prise getrockneten und zerstoßenen roten Chilischoten verrühren.

1 kg Lammkeule mit Knochen, in 5 cm große Stücke gehackt
250 g Joghurt
10 getrocknete rote Chilischoten, zerstoßen
1 TL Kreuzkümmel, geröstet und leicht zerstoßen
3 TL gemahlener Koriander
1 TL gemahlene Kurkuma
1 TL *garam masala**
1 TL Salz
5 EL Pflanzenöl
12 Knoblauchzehen, in Scheiben geschnitten
5 schwarze Kardamomkapseln
5 grüne Kardamomkapseln
3 mittelgroße Zwiebeln, in feine Ringe geschnitten
2 EL Tomatenmark
2 EL Korianderblätter, gehackt

KHEEMA MATTAR
Hackfleischpfanne mit Erbsen NORDINDIEN

Hackfleischgerichte mit Gemüse stehen in Indien hoch im Kurs. Ich mag besonders Hackfleisch vom Lamm, kombiniert mit Erbsen oder Kartoffeln, und biete dieses Gericht daher in meinem Restaurant an.

Das Fleisch bereitstellen. Dann das Öl in einer Schmorpfanne erhitzen und die ganzen Gewürze samt dem Lorbeerblatt und dem zerstoßenen Pfeffer darin braten. Sobald sie knistern, die Zwiebeln zufügen und weich und hellbraun braten.

Die Ingwer-Knoblauch-Paste einrühren und 2–3 Minuten kräftig braten. Das Fleisch mit den Chilis dazugeben, salzen und 3–5 Minuten rühren, bis es gleichmäßig Farbe angenommen hat.

Das Tomatenmark mit 250 ml Wasser zufügen und alles sanft köcheln lassen, bis das Fleisch nach 15–20 Minuten beinahe gar ist. Die Erbsen untermischen und in 5–10 Minuten garen.

Das Gericht mit dem *garam masala* und dem Koriander bestreuen und mit *chapati* (Rezept Seite 134) oder anderem Fladenbrot servieren.

500 g feines Hackfleisch vom Lamm (aus der Keule)
6 EL Pflanzenöl
3 Gewürznelken
2 grüne Kardamomkapseln
2,5 cm Zimtstange oder Kassiarinde
1 Lorbeerblatt
1 TL schwarzer Pfeffer, zerstoßen
2 mittelgroße Zwiebeln, fein gehackt
2 TL Ingwer-Knoblauch-Paste*
5 grüne Chilischoten, längs aufgeschlitzt
1 TL Salz
3 EL Tomatenmark
150 g enthülste frische Erbsen
½ TL *garam masala**
2 EL Korianderblätter, gehackt

GOSHT KI BIRYANI
Lammfleisch-Biryani NORDINDIEN

In Indien gibt es Leute, die sich auf die Zubereitung von *biryani*, leckeren Reisgerichten, spezialisiert haben. Bei ihnen kann man morgens den Topf mit dem vorbereiteten Gericht abgeben, um es dann abends, nach allen Regeln der Kunst in 3–4 Stunden über Holzkohlenglut fertig gegart, wieder abzuholen. Besonders köstliches *biryani* bekommt man in Lucknow und Hyderabad.

Mit einem einfachen *raita* ergibt das *biryani* eine komplette Mahlzeit.

Das Fleisch in 2,5 cm große Würfel schneiden und in eine flache Schüssel füllen. Für die Marinade die Zwiebeln im heißen Öl knusprig und goldbraun frittieren, auf Küchenpapier abtropfen und abkühlen lassen. Im Mixer fein pürieren, dann den Joghurt mit den restlichen Marinadezutaten kurz, aber gründlich untermixen. Das Fleisch mit der Marinade vermischen und 2 Stunden an einem kühlen Platz marinieren.

In einem schweren Topf 2 Esslöffel Öl erhitzen und die ganzen Chilis 1 Minute braten. Das Fleisch mit der Marinade zufügen und bei niedriger Temperatur in 45 Minuten sanft köchelnd garen.

Inzwischen die restlichen 3 Esslöffel Öl in einem zweiten Topf erhitzen und die ganzen Gewürze samt dem zerstoßenen Pfeffer 1 Minute braten, bis sie knistern. Den Reis zufügen, 2 Minuten rühren und dann 1,5 l kaltes Wasser zugießen. Zum Kochen bringen und den Reis in 12–15 Minuten beinahe komplett garen.

Den Backofen auf 180 °C (Umluftherd 160 °C) vorheizen. Den Reis abseihen, 2–3 cm hoch auf einem Backblech verteilen und etwas abkühlen lassen. Den Zimt, den Kardamom und die Nelken entfernen.

Inzwischen die feinen Zwiebelringe knusprig und braun frittieren und auf Küchenpapier abtropfen lassen. Dann die Mandeln, Nüsse und Rosinen (falls verwendet) ebenfalls frittieren, bis die Mandeln und Nüsse leicht gebräunt und die Rosinen schön prall sind. Abtropfen lassen.

Einen weiteren schweren Topf dünn mit zerlassener Butter ausstreichen. Die Hälfte der Fleischwürfel in einer Lage einfüllen und 2–3 cm hoch mit Reis bedecken. Darauf etwas *garam masala* und Butter verteilen. Nun folgt wie zuvor nochmals je eine Lage Fleisch und Reis. Das Ganze zuletzt mit der Safranmilch beträufeln und mit den Mandeln und Nüssen, eventuell den Rosinen sowie den knusprigen Zwiebeln bestreuen. Einen fest schließenden Deckel auflegen und den Topf für 20 Minuten in den Ofen schieben. Das Gericht mit einer Gabel auflockern, mit der Minze und dem Koriander bestreuen und mit Tomatenstreifen garnieren. Zusammen mit dem *raita* sofort servieren.

Raita mit Minze und Gurke: 200 g griechischen Joghurt leicht verquirlen. Anschließend ¼ Teelöffel Salz, ½ Teelöffel gerösteten Kreuzkümmel, 1 Esslöffel gewürfelte rote Zwiebel, 1 Esslöffel gehackte Minzeblätter und 1 EL geraspelte Salatgurke untermischen.

---

500 g mageres Lammfleisch ohne Knochen (aus der Keule)
5 EL Pflanzenöl
3 getrocknete rote Chilischoten
5 cm Zimtstange oder Kassiarinde
6 grüne Kardamomkapseln
1 TL Kreuzkümmel
4 Gewürznelken
10 schwarze Pfefferkörner, zerstoßen
500 g Basmati-Reis, gewaschen und abgetropft
1 kleine Zwiebel, in feine Ringe geschnitten
2 EL Mandeln, Cashewnüsse und Rosinen (nach Belieben), gemischt
3 EL Butter, zerlassen
2 TL *garam masala**
1 Prise Safranfäden*, in 100 ml warmer Milch eingeweicht

MARINADE:
6 mittelgroße Zwiebeln, in feine Ringe geschnitten
Öl zum Frittieren
200 g Joghurt, leicht geschlagen
1 EL Ingwer-Knoblauch-Paste*
1 TL gemahlene Kurkuma
1 TL Salz

GARNITUR:
1 EL Minzeblätter, fein gehackt
1 EL Korianderblätter, gehackt
1 Tomate, in feine Streifen geschnitten

BOLINAS DE CARNE EM CARIL VERDE

Grünes Curry mit Hackfleischbällchen <small>GOA, WESTINDIEN</small>

Für ein gelungenes Curry mit Hackfleischbällchen muss erstens die Fleischmasse schön geschmeidig sein. Zweitens sollten die würzenden Zutaten mit Fingerspitzengefühl so eingesetzt werden, dass sie den Lammfleischgeschmack nicht übertönen.

Als Erstes für die Korianderpaste das Tamarindenmark in 5 Esslöffeln warmem Wasser 20 Minuten einweichen.

Inzwischen das Hackfleisch mit den Bröseln, dem Kreuzkümmel, der Muskatblüte und dem Salz gründlich vermengen. Aus der Masse walnussgroße Bällchen formen.

Das inzwischen weiche Tamarindenmark durch ein feines Sieb streichen. Den gehackten Koriander, das Salz, die Chilis und den Ingwer zufügen und alles zu einer Paste verarbeiten.

Für die Sauce das Öl in einer Schmorpfanne erhitzen. Den Knoblauch kurz andünsten und dann gleich die Zwiebeln zufügen. Sobald sie weich sind und etwas Farbe angenommen haben, den gemahlenen Koriander und Kreuzkümmel dazugeben und noch 30 Sekunden mitbraten. Die Kokosmilch zugießen und zum Köcheln bringen.

Die Korianderpaste einrühren und das Ganze 3–5 Minuten leicht köcheln lassen. Die Fleischbällchen einlegen und in etwa 20 Minuten in der Sauce sanft gar ziehen lassen.

Unterdessen die Zutaten für das Gewürzpulver in einer schweren Pfanne bei mittlerer Temperatur 2–3 Minuten trocken rösten, bis sie knistern – dabei die Pfanne ständig rütteln. Die Mischung etwas abkühlen lassen und im Mixer, im Mörser oder in einer Gewürzmühle fein mahlen. Über das Curry streuen und dieses nach 5 Minuten vom Herd nehmen. Mit gekochtem Reis servieren.

FLEISCHBÄLLCHEN:
500 g mageres Hackfleisch vom Lamm (aus der Keule)
50 g frische Semmelbrösel, in der Küchenmaschine aus entrindetem Weißbrot vom Vortag hergestellt
1 TL gemahlener Kreuzkümmel, geröstet
1 Prise gemahlene Muskatblüte (Macis)
½ TL Salz

KORIANDERPASTE:
30 g Tamarindenmark*
6 EL Korianderblätter, gehackt
1 TL Salz
3 grüne Chilischoten
1 EL Ingwerwurzel, gehackt

SAUCE:
1½ EL Pflanzenöl
1 TL Knoblauch, fein gehackt
150 g Zwiebeln, fein gehackt
½ TL gemahlener Koriander
½ TL gemahlener Kreuzkümmel
300 ml Kokosmilch*

GERÖSTETES GEWÜRZPULVER:
6 schwarze Pfefferkörner
2,5 cm Zimtstange oder Kassiarinde
4 grüne Kardamomkapseln

HIRAN TARIWALA

Reh-Stew mit Wintergemüse OSTINDIEN

Mein Vater bereitete dieses alte Familienrezept immer mit Lamm zu, es gelingt aber genauso gut mit Reh.

Das Fleisch in 2,5 cm große Würfel schneiden. Die ganzen Gewürze im Mörser oder in einer Gewürzmühle zusammen grob mahlen. Anschließend in einem schweren Topf im Öl braten, bis sie knistern und die Mischung ihre Farbe verändert. Die Zwiebeln zufügen und, sobald sie weich und goldgelb sind, die Ingwer-Knoblauch-Paste noch 2–3 Minuten mitbraten. Dabei ständig rühren, damit sie nicht am Boden ansetzt und anbrennt.

Das Fleisch zufügen und ringsum anbraten, wobei die Zwiebeln nicht verbrennen dürfen. Die gemahlenen Gewürze außer dem *garam masala* untermischen und das Fleisch bei niedriger Temperatur in etwa 30 Minuten zu drei Vierteln garen.

Inzwischen die Tomaten im Mixer pürieren und nach Belieben durch ein Sieb streichen. Die Bohnen, Rüben, Möhren und Zwiebeln separat 3–5 Minuten in kochendem Salzwasser vorgaren – sie sollen bissfest sein – und danach abseihen.

Das Tomatenpüree zum Fleisch geben und einrühren, dann das Gemüse zufügen. Alles noch 15 Minuten sanft garen, bis das Fleisch richtig zart ist. Vor dem Servieren mit dem *garam masala* und dem gehackten Koriander bestreuen.

600 g Rehkeule ohne Knochen
1 Zimtstange
4 Gewürznelken
6 grüne Kardamomkapseln
1 TL schwarze Pfefferkörner
1½ TL Kreuzkümmel
6 EL Pflanzenöl
3 mittelgroße Zwiebeln, fein gehackt
3 TL Ingwer-Knoblauch-Paste*
1 EL Chilipulver
1 EL gemahlener Koriander
1 EL gemahlene Kurkuma
100 g Tomaten
100 g Buschbohnen, in 5 cm lange Stücke geschnitten
12 zarte Speiserüben, geschabt
12 zarte Möhren, geschabt
20 kleine Zwiebeln
Salz
½ TL *garam masala**
Korianderblätter, gehackt

PANDI KARI

Schweinefleischcurry aus Mangalore SÜDINDIEN

Auch mit Lamm oder Reh lässt sich dieses Curry gut zubereiten.

Das Fleisch in 2,5 cm große Würfel schneiden. In einer Schüssel mit Salz und Kurkuma bestreuen, mit Essig beträufeln und 30 Minuten marinieren.

Inzwischen das Tamarindenmark in 150 ml warmem Wasser 20 Minuten einweichen, danach durch ein feines Sieb streichen.

Das Fleisch mit der Marinade in einen schweren Topf füllen und 200 ml Wasser zugießen. Aufsetzen und etwa 20 Minuten leise köcheln lassen.

Den Koriander mit Chilis, Kokosraspeln, Ingwer, Knoblauch, Curryblättern und Mango im Mixer zu einer feinen Paste verarbeiten.

Das Öl in einer Schmorpfanne erhitzen und die Senfsamen braten, bis sie knistern. Die Zwiebeln zufügen und weich dünsten. Sobald sie hellbraun anlaufen, das Fleisch mit dem Fond dazugeben und 15 Minuten garen. Die Koriander-Kokos-Paste untermischen, nach 5 Minuten das Tamarindenwasser. Das Gericht weitere 5 Minuten garen, bis das Fleisch zart ist, und nochmals abschmecken. Mit den frittierten Curryblättern bestreuen.

500 g mageres Schweinefleisch aus der Keule
1 TL Salz
1 TL gemahlene Kurkuma
30 ml Essig
60 g Tamarindenmark*
30 g Korianderblätter, grob gehackt
2 grüne Chilischoten
5 EL Kokosnuss*, frisch gerieben
3 EL Ingwerwurzel, grob gehackt
8 Knoblauchzehen, geschält
20 Curryblätter, zusätzlich weitere 10 frittierte Blätter zum Garnieren
30 g Mangofruchtfleisch oder 2 TL Mangopulver*
60 ml Pflanzenöl
½ TL schwarze Senfsamen
150 g Zwiebeln, gehackt

GEMÜSE UND HÜLSENFRÜCHTE

Die vegetarische Küche überrascht in Indien durch eine einzigartige Vielfalt und Raffinesse. Kein Wunder – rund achtzig Prozent der Inder ernähren sich streng vegetarisch. Landauf, landab werden einfache Gemüsesorten immer wieder anders zubereitet. Auf Märkten findet man aber auch exotische Sorten wie Drumsticks, Bittergurken und Blattgemüse, die außerhalb Indiens kaum bekannt sind. Für mich ist die vegetarische Küche auch deshalb so reizvoll, weil sie meine Kochkunst herausfordert: Der feine Geschmack von Gemüse fordert einen besonders sensiblen Umgang mit Gewürzen.

SING VATANA BATATA
Curry von Drumsticks, Erbsen und Kartoffeln   KHOJA, WESTINDIEN

Drumsticks sind in Indien ein populäres Gemüse. Sie sehen wie überlange, gerillte Bohnen aus (siehe Foto Seite 104), tatsächlich handelt es sich aber um die unreifen Früchte des in Nordwestindien heimischen Pferderettichbaums. Um sie zu kosten, brechen Sie eine Hülse auf und saugen das Mark aus. Falls Sie auch in einem guten Asia-Laden keine Drumsticks bekommen, bieten sich als Alternative für dieses Rezept gewöhnliche Buschbohnen an.

200 g Drumsticks (siehe links)
100 g Erbsen (nach Belieben frisch oder tiefgefroren)
Salz
180 g neue Kartoffeln, geputzt
2 EL Öl
1 TL schwarze Senfsamen
10 Curryblätter

WÜRZPASTE:
50 g Kokosnuss*, frisch gerieben
2 EL Korianderblätter, gehackt
2 mittelgroße Tomaten
2 Knoblauchzehen, geschält
2 TL Ingwerwurzel, gehackt
1 EL Öl
1 TL Chilipulver
½ TL gemahlener Koriander
½ TL gemahlener Kreuzkümmel
½ TL gemahlene Kurkuma

Die Drumsticks in 2–3 cm lange Stücke schneiden. Die Erbsen in kochendem Salzwasser 3–4 Minuten vorgaren und dann abseihen. Die Kartoffeln in Spalten schneiden.

Sämtliche Zutaten der Würzpaste im Mixer fein pürieren.

In einer Schmorpfanne, einem Wok oder einer *karhai** 2 Esslöffel Öl erhitzen. Die Senfsamen und Curryblätter braten, bis sie knistern, dann die Würzpaste 3–4 Minuten mitbraten, bis sich das Öl abscheidet.

Die Drumsticks und Kartoffeln dazugeben und einige Minuten unter mehrfachem Wenden anbraten, dann 100 ml Wasser zugießen und das Gemüse salzen. Etwa 20 Minuten köcheln lassen, bis es eben gar ist. Die Erbsen untermischen und in 2–3 Minuten fertig garen.

Das Curry heiß servieren.

BEGUN PORA
Püree von gebackener Aubergine   BENGALEN, OSTINDIEN

Als Beilage zu jedem Curry, aber auch gekühlt als Salat schmeckt dieses pikante Auberginenpüree vorzüglich. In meinem Restaurant serviere ich es zu gebratenem Lammrücken – bei meinen Gästen ein voller Erfolg.

1 Aubergine von etwa 400 g
3 EL Pflanzenöl
½ mittelgroße Zwiebel, fein gehackt
1 TL Ingwerwurzel, fein gehackt
1 grüne Chilischote, fein gehackt
½ TL Kreuzkümmel, geröstet und zerstoßen
½ TL Salz (oder nach Geschmack)
1 EL Limettensaft
1 EL Korianderblätter, fein gehackt

Den Backofen auf 200 °C (Umluftherd 180 °C) vorheizen. Die Aubergine dünn mit Öl bestreichen und etwa 15–20 Minuten backen, bis die Haut angekohlt ist und sich leicht abziehen lässt. Sobald man sich nicht mehr die Finger verbrennt, die Aubergine enthäuten, das Fruchtfleisch hacken und mit dem restlichen Öl in eine Schüssel füllen. Mit einer Gabel grob zerdrücken.

Nun Zwiebel, Ingwer, Chili, Kreuzkümmel und Salz gründlich untermischen, gefolgt vom Limettensaft und Koriander. Das Püree warm oder gekühlt servieren.

KALLA VEETU KATHRIKKAI

Auberginencurry TAMIL-NADU, SÜDINDIEN

Auberginen in Form eines Currys waren mir als Kind ein Graus. Bekehrt wurde ich durch dieses Rezept, das ich während meiner Ausbildungszeit in Südindien kennen lernte. Die gelungene Kombination würzender Zutaten holt aus dem milden Auberginenaroma das Optimum an Geschmack heraus.

Die Auberginen längs halbieren, größere Früchte würfeln. Die Kartoffeln in Spalten schneiden, 8–10 Minuten in Salzwasser vorkochen und abgießen.

Gleichzeitig in einer Schmorpfanne, einem Wok oder einer *karhai** das Öl erhitzen und Zimt, Fenchelsamen und Curryblätter 1–2 Minuten braten, bis sie knistern. Die Zwiebeln mit dem Knoblauch zufügen und, sobald sie weich werden und Farbe annehmen, Chilis und Koriandersamen noch 1–2 Minuten mitbraten.

Die Auberginen mit den Kartoffeln dazugeben und einige Minuten garen, bis sie weich werden. Die Tomate, Kokosmilch, 100 ml Wasser und Salz nach Geschmack zufügen und alles etwa 10 Minuten sanft köcheln lassen, bis das Gemüse gar und die Sauce eingedickt ist.

Vor dem Servieren mit dem gehackten Koriander bestreuen.

8–10 kleine Auberginen
3 mittelgroße Kartoffeln
Salz
4 EL Pflanzenöl
5 cm Zimtstange oder Kassiarinde
1 TL Fenchelsamen
8 Curryblätter
2 große Zwiebeln, fein gehackt
1½ TL Knoblauch, fein gehackt
10 getrocknete rote Chilischoten, zerstoßen
3 EL Koriandersamen, geröstet und zerstoßen
1 große Tomate, in Spalten geschnitten
400 ml Kokosmilch*
2 EL Korianderblätter, gehackt

DAHAIWALE ALOO GOBI

Blumenkohl-Kartoffel-Curry BIHAR, OSTINDIEN

Das Kochen mit Joghurt hat in Indien eine lange Tradition. Seit meiner Kindheit kenne und liebe ich dieses Gericht. Unglaublich gut schmeckte mir die Variante, die der *littee*-Verkäufer in meinem Heimatort anbot, zumal man mit den *littee* (siehe Seite 16), die es dazu gab, zuletzt die köstliche Sauce auftunken konnte.

Die Kartoffeln in Spalten schneiden, den Blumenkohl in kleine Röschen teilen. Das Öl in einer Schmorpfanne erhitzen und beide Gemüsesorten 3–5 Minuten unter häufigem Wenden leicht braten. Herausnehmen und beiseite stellen.

Im in der Pfanne zurückgebliebenen Öl den Schwarzkümmel oder die Zwiebelsamen, die Nelken, den Kardamom, den Zimt und den Lorbeer 1–2 Minuten braten, bis die Gewürze knistern.

Das gebratene Gemüse mit Kurkuma, Chilipulver, Salz und Zucker zufügen. Gründlich durchmischen und 300 ml Wasser zugießen. Zum Kochen bringen und dann auf kleinerer Stufe etwa 20 Minuten köcheln lassen, bis die Kartoffeln eben gar sind.

Tomaten und Joghurt zufügen und alles noch 5 Minuten köcheln lassen. Zuletzt den Koriander untermischen und *garam masala* darüber streuen.

- 2 mittelgroße Kartoffeln, geschält
- 1 mittelgroßer Blumenkohl, geputzt
- 3 EL Pflanzen- oder Senföl
- 1 TL Schwarzkümmel oder Zwiebelsamen
- 2 Gewürznelken
- 2 Kardamomkapseln
- 2,5 cm Zimtstange oder Kassiarinde
- 1 Lorbeerblatt
- 1 TL gemahlene Kurkuma
- ½ TL Chilipulver
- 1 TL Salz
- 1 TL Zucker
- 2 mittelgroße Tomaten, in Spalten geschnitten
- 200 g Joghurt, leicht verquirlt
- 1 EL Korianderblätter, fein gehackt
- ½ TL *garam masala**

KEERAI PORIYAL

Pfannengerührter Spinat SÜDINDIEN

In Tamil Nadu bereitet man auf diese Weise *arrakeerai* und *sirukeerai*, zwei einheimische Blattgemüsesorten, zu. Auch in Kerala gibt es entsprechende Zubereitungen, die dort *thoran* heißen. Sie werden allerdings etwas anders gewürzt.

Den Spinat waschen, gut abtropfen lassen und in Streifen schneiden.
In einer Schmorpfanne, einem Wok oder einer *karhai** das Öl erhitzen. Die Senfsamen mit *bengal gram*, Knoblauch und Chilis anbraten, bis sie knistern. Die Zwiebel zufügen und glasig schwitzen.
Den Spinat dazugeben, salzen und bei niedriger Temperatur einige Minuten rühren, bis er leicht zusammenfällt und der austretende Saft verdampft ist. Vor dem Servieren mit den Kokosraspeln bestreuen.

500 g Blattspinat
1 EL Pflanzenöl
½ TL schwarze Senfsamen
½ TL *bengal gram**
6 Knoblauchzehen, fein gehackt
2 getrocknete rote Chilischoten
1 kleine Zwiebel, fein gehackt
½ TL Salz (oder nach Geschmack)
3 EL Kokosnuss*, frisch gerieben

SAAG PANEER

Spinat mit gebratenem Paneer NORDINDIEN

Dieses Gericht gehört im Norden des Landes zum winterlichen Verwöhnprogramm für Gäste. Sollten Sie es also beim Besuch einer indischen Familie serviert bekommen, hüten Sie sich, Vergleiche mit anderen Versionen zu äußern, die Sie vielleicht schon gegessen haben. Sie könnten schnell ins Fettnäpfchen treten. Indische Hausfrauen sind, wenn es um ihre Kochkünste geht, sehr empfindlich.

Den Spinat waschen, gut abtropfen lassen und grob hacken. Den Käse in 2 cm große Würfel schneiden. In einer Schmorpfanne reichlich Öl auf 180 °C erhitzen und den Käse portionsweise etwa 1 Minute frittieren, bis sich die Poren geschlossen und die Würfel etwas Farbe angenommen haben. Auf Küchenpapier abtropfen lassen.
Die Butter mit 2 Esslöffeln Öl in einer Schmorpfanne zerlassen. Den Knoblauch in 1–2 Minuten goldgelb braten. Den Kreuzkümmel 1 Minute mitbraten, bis er knistert. Das Chilipulver und den Koriander 1 Minute lang unterrühren.
Den Spinat dazugeben und bei niedriger Temperatur 10 Minuten unter ständigem Rühren dünsten, bis er zusammenfällt.
Die Käsewürfel, Ingwer und Salz untermischen und das Ganze 5–7 Minuten sanft garen. Wenn das Öl den Spinat glänzend überzieht, die Sahne einrühren.
Das Gericht mit dem *garam masala* bestreuen und mit den Tomatenstreifen garniert servieren.

1 kg Blattspinat
300 g *paneer**
Pflanzenöl zum Frittieren
2 EL Butter
2 EL Pflanzenöl zum Anbraten
2 TL Knoblauch, fein gehackt
1 TL Kreuzkümmel
1 TL Chilipulver
1 TL gemahlener Koriander
2 TL Ingwerwurzel, fein gehackt
1 TL Salz
2 EL Sahne
1 TL *garam masala**

GARNITUR:
1 mittelgroße Tomate, in feine Streifen geschnitten

SINGHORA DIYE KOLMI SAAG BHAJI

Brunnenkresse mit Wasserkastanien

OSTINDIEN

Auf den Märkten Kalkuttas findet man Brunnenkresse und Wasserkastanien in Hülle und Fülle. Sowohl hinsichtlich ihrer Konsistenz als auch geschmacklich stehen sie in äußerst reizvollem Kontrast zueinander. Vermutlich verdankt die bengalische Küche dieses Rezept Einflüssen aus dem benachbarten Myanmar und der chinesischen Gemeinde in Kalkutta.

Die Brunnenkresse waschen und trockentupfen. In einer Schmorpfanne, einem Wok oder einer *karhai** das Öl erhitzen und den Schwarzkümmel mit den Fenchelsamen darin braten, bis sie knistern. Den Knoblauch untermischen und nur kurz etwas Farbe annehmen lassen.

Die Wasserkastanien zufügen und 1 Minute pfannenrühren, dann Kurkuma und Chilipulver untermischen. Die Brunnenkresse in die Pfanne geben, salzen und bei niedriger Temperatur 1 Minute dünsten, bis sie leicht zusammenfällt. Das Gemüse sofort servieren.

- 500 g Brunnenkresse, harte Stiele entfernt
- 1 EL Senföl
- ½ TL Schwarzkümmel
- ¼ TL Fenchelsamen
- 2 Knoblauchzehen, zerdrückt
- 250 g Wasserkastanien aus der Dose, abgetropft und in Scheiben geschnitten
- ¼ TL gemahlene Kurkuma
- ¼ TL Chilipulver
- ½ TL Salz (oder nach Geschmack)

DHAROSH CHACHHARI

Okragemüse in würziger Senfsauce

OSTINDIEN

An den Geschmack von Senfsamenpaste und Senföl, zwei typisch indische Zutaten, hat sich auch der westliche Gaumen schnell gewöhnt. Wer der pikanten Schärfe der Originalpaste dennoch nicht viel abgewinnen kann, nimmt für dieses Gericht einen milden Senf. Knusprig frittierte Okrastreifen als Garnitur runden das Gericht gelungen ab, sind aber kein Muss.

Die Okraschoten der Länge nach aufschlitzen. Das Tamarindenmark in 3 Esslöffeln warmem Wasser 20 Minuten einweichen, danach durch ein feines Sieb streichen.

In einer Schmorpfanne, einem Wok oder einer *karhai** das Öl erhitzen und die Zwiebelsamen anbraten, bis sie knistern. Die Okraschoten zufügen und 1 Minute pfannenrühren.

Chilipulver, Kurkuma, Salz und Zucker untermischen. Das Gemüse bei niedriger Temperatur in 12–15 Minuten weich garen. Die Senfsamenpaste mit der Tamarinde verrühren und unter das Gemüse mischen. Noch 2–3 Minuten behutsam rühren, dann das Gericht abschmecken und sofort servieren.

- 500 g Okraschoten
- 10 g Tamarindenmark*
- 2 TL Pflanzen- oder Senföl
- ¼ TL Zwiebelsamen
- 1 TL Chilipulver
- 1 TL gemahlene Kurkuma
- ½ TL Salz (oder nach Geschmack)
- ¼ TL Zucker
- 2 TL Senfsamenpaste* oder Dijon-Senf

CHINA BODAM DIYE LAL SAAG
Rotstieliger Mangold mit Erdnüssen

KALKUTTA, OSTINDIEN

Der rotstielige Spinat, den man auf den Gemüsemärkten von Kalkutta bekommt, lässt sich gut durch rotstieligen Schnittmangold ersetzen.

Mangold oder Spinat von den harten Stielen befreien, waschen und gut abtropfen lassen. Den Koriander mit der Chilischote in einer kleinen Pfanne mit schwerem Boden 1–2 Minuten bei mittlerer Temperatur leicht rösten, bis die Samen knistern. Die Gewürze im Mörser fein zerstoßen.

Das Öl in einer Schmorpfanne, einem Wok oder einer *karhai** erhitzen und die vorbereitete Gewürzmischung 1 Minute braten. Den Knoblauch zufügen und, wenn er goldgelb ist, die Zwiebel dazugeben. Sobald sie weich wird, die Tomaten untermischen, gefolgt von der Kurkuma. Das Ganze bei niedriger Temperatur einige Minuten dünsten.

Den Mangold oder Spinat dazugeben, salzen und bei niedriger Temperatur einige Minuten garen, bis die Blätter zusammenfallen und die Flüssigkeit verdampft ist. Die Erdnüsse untermischen und die Pfanne vom Herd nehmen. Das Gericht sofort servieren.

- 800 g junger rotstieliger Schnittmangold oder Spinat
- 1½ TL Koriandersamen
- 1 getrocknete rote Chilischote
- 2 EL Senf- oder Pflanzenöl
- 1 Knoblauchzehe, gehackt
- 1 mittelgroße Zwiebel, in feine Scheiben geschnitten
- 3 mittelgroße Tomaten, gehackt
- 1 TL gemahlene Kurkuma
- ½ TL Salz (oder nach Geschmack)
- 2 EL ungesalzene Erdnüsse, geröstet und zerstoßen

MUTTAKOS KARAT THOREN
Weißkohl-Möhren-Gemüse mit Kokosnuss

SÜDINDIEN

Thoran, poriyal, kaalan, palya und *foogath* sind lediglich unterschiedliche Namen für Gemüsegerichte aus verschiedenen Regionen Indiens, die alle ähnlich zubereitet und – stets unter Beteiligung von Kokosnuss, Curryblättern und Senfsamen – auch ähnlich gewürzt werden. Am treffendsten lassen sie sich als warme Salate beschreiben. Frische Kokosraspel sind in diesem Fall unverzichtbar.

Den Kohl in Streifen, die Möhren in feine Stifte schneiden oder raspeln. Das Gemüse beiseite stellen.

In einer Schmorpfanne, einem Wok oder einer *karhai** das Öl erhitzen und die Senfsamen zufügen. Sobald sie wie Popcorn springen, *black gram* untermischen und gut anbraten. Die Zwiebel mit den Chilis und den Curryblättern dazugeben und glasig schwitzen.

Die Kokosraspel untermischen und leicht anbraten, bis sie aromatisch duften – sie dürfen dabei keine Farbe annehmen. Den Kohl, die Möhren und die Sprossen (falls verwendet) zufügen. Das Gemüse salzen und in 10–15 Minuten eben gar dünsten. Heiß servieren.

- 400 g Weißkohl, der Strunk entfernt
- 70 g Möhren
- 2 EL Pflanzenöl
- 1 TL schwarze Senfsamen
- 2 TL *black gram**
- 1 mittelgroße Zwiebel, in feine Ringe geschnitten
- 2 grüne Chilischoten, längs aufgeschlitzt
- 10 Curryblätter
- 150 g Kokosnuss*, frisch gerieben
- 50 g Mungbohnensprossen (nach Belieben)
- ½ TL Salz (oder nach Geschmack)

FULAVER GAJJAR VATANA NU SHAK
Blumenkohl mit Möhren und Erbsen

GUJARAT, WESTINDIEN

Aus allen Regionalküchen Indiens sticht die von Gujarat durch ihre raffinierten Würztechniken und überaus reizvollen Kombinationen von Farben und Konsistenzen meines Erachtens besonders hervor. Ein wahrer Gaumenkitzel und ein kulinarischer Klassiker dieses Bundesstaats ist das hier vorgestellte Gericht.

300 g Blumenkohl, geputzt
100 g Erbsen (nach Belieben frisch oder tiefgefroren)
Salz
100 g Möhren, gewürfelt
2 EL Pflanzenöl
½ TL schwarze Senfsamen
1 Prise Asafötida*
2 grüne Chilischoten, längs aufgeschlitzt
¼ TL gemahlener Kreuzkümmel
¼ TL gemahlener Koriander
½ TL Chilipulver
½ TL gemahlene Kurkuma
2 EL Korianderblätter, in Streifen geschnitten

Den Blumenkohl in kleine Röschen teilen. Die Erbsen in kochendem Salzwasser 3–4 Minuten vorgaren und abseihen. Die Möhren in kochendem Wasser 3 Minuten vorgaren und danach abseihen.

Gleichzeitig in einer Schmorpfanne, einem Wok oder einer *karhai** das Öl erhitzen. Die Senfsamen mit dem Asafötida 1–2 Minuten darin braten, bis sie wie Popcorn springen. Den Blumenkohl mit den Chilis und ½ Teelöffel Salz zufügen und bei niedriger Temperatur etwa 10 Minuten garen. Sobald seine Stiele weich werden, die Erbsen und die Möhren mit den gemahlenen Gewürzen dazugeben und alles noch einige Minuten dünsten, bis das gesamte Gemüse gar ist.

In vorgewärmten Schalen anrichten, mit den Korianderblättern bestreuen und servieren. Dazu isst man Fladenbrot.

PATTAR KOLU ANE GUVAR FALI NU SHAK
Curry von Kürbis und Guarbohnen

GUJARAT, WESTINDIEN

Den lieblichen Aromen der beiden Gemüsesorten stehen bei diesem Rezept perfekt abgestimmte Gewürze gegenüber. Falls Sie Guarbohnen nicht mögen oder bekommen, können Sie ebenso gewöhnliche Buschbohnen (grüne Bohnen) verwenden.

200 g gelbfleischiger Kürbis, geschält und die Samen entfernt
100 g Guarbohnen oder Buschbohnen
2 EL Pflanzenöl
½ TL Salz (oder nach Geschmack)
½ TL gemahlene Kurkuma
½ TL Chilipulver
½ TL gemahlener Kreuzkümmel
½ TL gemahlener Koriander
20 g *jaggery** oder Palmzucker
2 TL Korianderblätter, gehackt

Den Kürbis in 2,5 cm lange Stifte, die Bohnen in 2,5 cm lange Stücke schneiden.

In einem Topf 200 ml Wasser zum Kochen bringen. Den Kürbis und die Bohnen mit dem Öl und dem Salz zufügen. Nach dem erneuten Aufwallen bei niedriger Temperatur etwa 3–5 Minuten köcheln lassen, bis die Bohnen eben weich werden.

Die gemahlenen Gewürze und den Zucker untermischen und das Gemüse auf kleiner Stufe weitere 2–3 Minuten garen, bis es ganz zart ist. Mit dem gehackten Koriander bestreuen und servieren.

ALOO PIAJ KOLI O TOMATOR TORTAKI
Frühlingszwiebeln mit Kartoffeln und Tomaten OSTINDIEN

Mit seinem sparsamen Einsatz von Gewürzen, der den frischen Gemüsearomen ausreichend Entfaltungsspielraum lässt, ist dieses Rezept beispielhaft für die minimalistische Küche Bengalens.

Die Frühlingszwiebeln in 5 cm lange Stücke schneiden.

In einer Schmorpfanne, einem Wok oder einer *karhai** das Öl erhitzen und, sobald es raucht, die Temperatur auf die mittlere Stufe zurückschalten. Das *panch phoran* zufügen und 1 Minute rühren, bis die Gewürzmischung ihre Farbe verändert. Die Kartoffeln und die Zwiebelringe dazugeben und 2–3 Minuten ständig rühren, dann die Tomaten zufügen.

Mit der Kurkuma, dem Salz und dem Zucker bestreuen. Gründlich durchmischen und das Ganze bei niedriger Temperatur zugedeckt 8–10 Minuten dünsten, bis die Kartoffeln beinahe gar sind.

Die Frühlingszwiebeln zufügen und alles weiterdünsten, bis sie und die Kartoffeln nach 3–5 Minuten richtig gar sind und sich allmählich das Öl abscheidet.

Vor dem Servieren noch mit den Korianderstängeln garnieren.

1 Bund Frühlingszwiebeln, geputzt
2 EL Senf- oder Pflanzenöl
1 TL *panch phoran**
20 neue Kartoffeln, geviertelt
2 mittelgroße Zwiebeln, in feine Ringe geschnitten
2 mittelgroße Tomaten, in feine Scheiben geschnitten
1 TL gemahlene Kurkuma
1 TL Salz (oder nach Geschmack)
½ TL Zucker

GARNITUR:
Korianderstängel

TETUL DIYE SHEEMER TORKARI

Dicke Bohnen mit Tamarinde BENGALEN, OSTINDIEN

Dicke Bohnen sind, beispielsweise auf diese unkomplizierte und schnelle Art zubereitet, in Westbengalen ein ganz alltägliches Gemüse. In Indien haben sie stets so zarte Hülsen wie in unseren Breiten nur am Anfang der Saison und werden daher oft im Ganzen verarbeitet. Als Alternative bieten sich für dieses Rezept Buschbohnen an.

Die Bohnen in kochendem Salzwasser etwa 3–4 Minuten vorgaren – sie sollen anschließend zwar weich sein, aber noch Biss haben. Abseihen, in eiskaltem Wasser abkühlen und abtropfen lassen. Das Tamarindenmark in 6 Esslöffeln warmem Wasser 20 Minuten einweichen, danach durch ein feines Sieb streichen.

In einer Schmorpfanne, einem Wok oder einer *karhai** das Öl erhitzen. Den Schwarzkümmel und den Kreuzkümmel darin anbraten, bis die Samen knistern. Die Chilis und den Ingwer untermischen und, sobald sie weich werden, die Bohnen zufügen und 1 Minute braten. Mit Kurkuma, Zucker und Salz nach Geschmack bestreuen und noch 1 Minute garen. Zuletzt die Tamarinde gründlich unterrühren und das Gericht, mit Ingwerstreifen garniert, servieren.

400 g Dicke Bohnen oder Buschbohnen, schräg in Stücke geschnitten
Salz
30 g Tamarindenmark*
2 EL Senf- oder Pflanzenöl
½ TL Schwarzkümmel
½ TL Kreuzkümmel
2 grüne Chilischoten, schräg in Scheiben geschnitten
1 Stück Ingwerwurzel, in feine Streifen geschnitten
½ TL gemahlene Kurkuma
2 TL Zucker

GARNITUR:
Ingwerwurzel, in Streifen geschnitten

KANDE KI SUBJI
Würziges Zwiebelgemüse RAJASTHAN

Zwiebeln sind in Rajasthan ein wichtiges Nahrungsmittel und werden dort auf unterschiedliche Art verwendet. In dieser einfachen Zubereitung passen sie, begleitet von einem Fladenbrot, hervorragend zu fast jedem Gericht.

Das Weiße der Frühlingszwiebeln in dicke Streifen, das Grün in sehr feine Streifen schneiden.

In einer Schmorpfanne, einem Wok oder einer *karhai** 3 Esslöffel Öl erhitzen und den Kreuzkümmel darin anbraten. Sobald er knistert, die Ingwer-Knoblauch-Paste unterrühren und 2–3 Minuten mitbraten, bis sie zu duften beginnt.

Die gemahlenen Gewürze, das Salz, 3 Esslöffel Wasser und den Joghurt untermischen und das Ganze unter ständigem Rühren 3–4 Minuten kräftig erhitzen. Die Zwiebelscheiben und das Weiße der Frühlingszwiebeln zufügen und etwa 5–7 Minuten pfannenrühren, bis das Gemüse eben gar ist, aber noch Biss hat.

Inzwischen in der Fritteuse oder einem geeigneten Topf reichlich Öl auf 180 °C erhitzen und die grünen Zwiebelstreifen in etwa 20–30 Sekunden knusprig frittieren. Auf Küchenpapier abtropfen lassen.

Das Zwiebelgemüse in einzelnen Schalen anrichten und mit den frittierten Zwiebeln garnieren.

150 g rote Zwiebeln, in breite Ringe geschnitten
150 g weiße Zwiebeln, in breite Ringe geschnitten
100 g Frühlingszwiebeln, geputzt
3 EL Pflanzenöl
½ TL Kreuzkümmel
2 TL Ingwer-Knoblauch-Paste*
1 TL Chilipulver
1 TL gemahlener Koriander
½ TL gemahlene Kurkuma
½ TL Salz (oder nach Geschmack)
2 EL Joghurt
reichlich Öl zum Frittieren

DHANIYAE AUR PYAZ KI KHUMBI
Pilze mit Korianderblättern NORDINDIEN

Wie meine Mutter liebe ich Pilze über alles. Dieses Rezept habe ich von ihr übernommen. Allerdings nimmt sie dafür Champignons und *dhingri* (indische Shiitake), während ich es mit einer Mischung anderer Sorten zubereite. Eine ideale Beilage zu vielen Gerichten mit Huhn.

Die Pilze in Scheiben schneiden.

In einer Schmorpfanne 2 Esslöffel Öl erhitzen und die Hälfte des Knoblauchs in 2 Minuten hellbraun braten. Die Koriandersamen und die Chilischote 1 Minute mitbraten, dann die Tomaten untermischen und salzen. Einige Minuten garen, bis sie eben weich werden.

In einer Schmorpfanne, einem Wok oder einer *karhai** 1 Esslöffel Öl erhitzen und den restlichen Knoblauch 1–2 Minuten anbraten. Die Pilze und die Frühlingszwiebeln dazugeben, mit Kurkuma und Pfeffer würzen und 3–4 Minuten braten, bis sie eben weich werden. Die Tomatenmischung zufügen und alles noch 3–4 Minuten garen.

Mit den Korianderblättern bestreuen und sofort servieren.

400 g gemischte Pilze wie Shiitake, Austernpilze und Maronen
4 Frühlingszwiebeln, nur das Weiße in feine Streifen geschnitten
3 EL Pflanzenöl
2 TL Knoblauch, fein gehackt
1 TL Koriandersamen, zerstoßen
1 kleine getrocknete rote Chilischote, zerstoßen
2 mittelgroße Tomaten, fein gehackt
½ TL Salz (oder nach Geschmack)
½ TL gemahlene Kurkuma
¼ TL schwarze Pfefferkörner, zerstoßen
3 EL Korianderblätter

SHALGAM MASALA
Rüben mit Ingwer und Schwarzkümmel PUNJAB, NORDINDIEN

Speiserüben werden, genauso wie Daikon-Rettich *(mooli)* und Möhren, im Punjab gern zu Salaten verarbeitet. Überall in Indien genießt man diese Wurzeln aber auch auf andere Arten und sie werden sogar durch Trocknen an der Sonne konserviert. Angeregt wurde ich zu dieser schnellen und köstlichen Zubereitung durch ein ganz ähnliches Gericht, das aber auf ausgewachsenen Rüben basiert.

Die Rüben vierteln. Das Öl in einer Schmorpfanne erhitzen und den Schwarzkümmel mit der Chilischote und dem Ingwer 1–2 Minuten braten, bis die Samen knistern.
   Die Rüben mit den gemahlenen Gewürzen zufügen und bei niedriger Temperatur 3 Minuten garen. Die Tomate und das Salz untermischen. Alles zugedeckt dünsten, bis die Rüben gar sind.
   Mit *garam masala*, Koriander und Ingwer bestreuen und sofort servieren.

300 g junge Speiserüben, zum Beispiel Mairüben
2 EL Pflanzenöl
1 TL Schwarzkümmel
1 grüne Chilischote, gehackt
½ TL Ingwerwurzel, gehackt
1 Tl gemahlene Kurkuma
¼ TL Chilipulver
1 TL gemahlener Koriander
1 mittelgroße Tomate, gehackt
½ TL Salz (oder nach Geschmack)
¼ TL *garam masala**
1 EL Korianderblätter, gehackt
5 g Ingwerwurzel, in feine Streifen geschnitten

GANTH GOBI
Kohlrabi nach Kaschmir-Art NORDINDIEN

In Kaschmir ist Kohlrabi ein weit verbreitetes Gemüse, nicht so jedoch in anderen Regionen Indiens. Zwar habe ich *khoi-khoi*, wie er in Kaschmir heißt, auch oft auf Gemüsemärkten in New Delhi und Jaipur gesehen, doch wird er dort vor allem zu Salaten oder Pickles verarbeitet.

Den Kohlrabi schälen und in Spalten schneiden. Das Öl in einer Schmorpfanne erhitzen und den Asafötida anbraten, bis das Würzöl leise zischt. Jetzt den Kreuzkümmel, den Bockshornklee und die Nelken untermischen und 1–2 Minuten braten, bis die Samen knistern.
   Den Kohlrabi dazugeben und 2–3 Minuten pfannenrühren. Die Temperatur zurückschalten, 2–3 Esslöffel Wasser zugießen und das Gemüse zugedeckt einige Minuten dünsten.
   Chili, Ingwer, die gemahlenen Gewürze und das Salz zufügen und alles 30 Sekunden unter Rühren braten, bis die Gewürze aromatisch duften, dann 100 ml Wasser zugießen. Das Gemüse bei niedriger Temperatur in 10–15 Minuten fertig garen. Den Zucker und den gehackten Koriander untermischen und das restliche Wasser verdampfen lassen. Den Kohlrabi heiß servieren.

500 g Kohlrabi
5 EL Pflanzenöl oder *ghee**
1 Prise Asafötida*
½ TL Kreuzkümmel
¼ TL Bockshornkleesamen
2 Gewürznelken
1 grüne Chilischote, gehackt
1 TL Ingwerwurzel, gehackt
¼ TL Chilipulver
1 TL gemahlener Koriander
½ TL *garam masala**
¼ TL gemahlener Ingwer
1 TL gemahlene Kurkuma
½ TL Salz (oder nach Geschmack)
½ TL Zucker
1 EL Korianderblätter, gehackt

ALOO DUM
Kartoffeln mit Melonenkernen NORDINDIEN

Von diesem populären Gericht kursieren diverse Rezepte. Nachfolgende Variante aus der Mogulküche ist mit Joghurt angereichert.

Die Melonenkerne oder Cashewnüsse in einer Schüssel mit warmem Wasser bedecken und 10 Minuten einweichen. Abseihen und im Mixer oder Mörser zu einer feinen Paste verarbeiten.

Einen Topf 2 cm hoch mit Öl füllen und erhitzen. Die Zwiebeln darin hellbraun braten, danach herausnehmen, auf Küchenpapier abtropfen und abkühlen lassen. Als Nächstes die Kartoffeln im heißen Öl in 3–4 Minuten goldbraun braten, danach ebenfalls auf Küchenpapier abtropfen lassen.

Die gebratenen Zwiebeln im Mixer pürieren. Den Joghurt untermischen.

In einer Schmorpfanne 3 Esslöffel Öl erhitzen und den Knoblauch mit dem Ingwer goldbraun braten. Die gemahlenen Gewürze untermischen, einige Sekunden rühren und dann die Joghurt-Zwiebel-Mischung zufügen. Die Melonenkerne oder Cashewnüsse unterziehen. Die Sauce unter Rühren erhitzen, bis sie köchelt. Die Kartoffeln mit 150 ml Wasser und dem Salz zufügen und 15 Minuten köcheln lassen, bis sie gar sind.

Inzwischen die Zutaten für das Gewürzpulver in einer Pfanne mit schwerem Boden bei mittlerer Hitze 2–3 Minuten rösten, bis sie knistern, dabei die Pfanne immer wieder rütteln. Etwas abkühlen lassen und in einer Gewürzmühle, im Mixer oder im Mörser zu feinem Pulver verarbeiten.

Das geröstete Gewürzpulver und den gehackten Koriander unter die Kartoffeln mischen. In einzelnen Schalen anrichten und, mit ganzen Korianderstängeln garniert, sofort servieren.

2 EL Melonenkerne oder Cashewnüsse
Öl zum Braten
2 mittelgroße Zwiebeln, in feine Ringe geschnitten
500 g ganz kleine neue Kartoffeln, geschält
200 g Joghurt
3 EL Pflanzenöl
1 TL Knoblauch, gehackt
1½ TL Ingwerwurzel, gehackt
½ TL gemahlener Koriander
½ TL Chilipulver
½ TL gemahlener Kreuzkümmel
1 TL Salz
1 EL Korianderblätter, gehackt

GERÖSTETES GEWÜRZPULVER:
3 schwarze Kardamomkapseln
½ TL Fenchelsamen
5 cm Zimtstange oder Kassiarinde

GARNITUR:
einige Korianderstängel

URULAI SOYIKEERAI VARIYAL
Würzige Kartoffeln mit Dill SÜDINDIEN

In dieser unkomplizierten Zubereitung bringt die spezielle Mischung würziger Zutaten das Aroma neuer Kartoffeln bestens zur Geltung.

Die Kartoffeln 5 Minuten in Salzwasser vorkochen. Abgießen und, sobald sie etwas abgekühlt sind, pellen und vierteln.

Das Öl in einer Schmorpfanne erhitzen und die Senf- und Sesamsamen braten, bis sie wie Popcorn springen. Die Erdnusskerne untermischen und goldgelb anbraten. Die Zwiebel zufügen und braten, bis sie weich wird. Die gemahlenen Gewürze, ½ Teelöffel Salz und den Ingwer dazugeben und noch einige Minuten rühren, wobei die Zutaten nicht anbrennen dürfen.

Die Tomate und den Dill untermischen. Die Kartoffeln dazugeben und etwa 10 Minuten unter ständigem Rühren garen, bis sie weich sind – sie sollen zuletzt gleichmäßig von der würzigen Mischung überzogen sein.

400 g neue Kartoffeln, geputzt
Salz
2 EL Pflanzenöl
½ TL schwarze Senfsamen
½ TL Sesamsamen
1 EL Erdnusskerne
1 kleine Zwiebel, gehackt
½ TL gemahlene Kurkuma
1½ TL gemahlener Koriander
1 TL Chilipulver
1 TL Ingwerwurzel, gehackt
1 Tomate, gehackt
3 EL Dill, gehackt

MULANGI KADALAI KOZHAMBU

Curry von Rettich und Kichererbsen

TAMIL NADU, SÜDINDIEN

Daikon-Rettich wird in Indien sehr geschätzt. Die hier verwendete Gewürzauswahl verträgt sich bestens mit seinem pfeffrigen Geschmack.

Die Kichererbsen abseihen und in frischem Wasser mit dem Lorbeer in etwa 2 Stunden weich kochen, dabei erst gegen Ende des Garvorgangs salzen. Abseihen. Das Tamarindenmark in 6 Esslöffeln warmem Wasser 20 Minuten einweichen, dann durch ein feines Sieb streichen.

Den Rettich längs halbieren und quer in 5 mm dicke Scheiben schneiden. Das Öl in einer Schmorpfanne erhitzen und den Rettich braten, bis er etwas bräunt. Herausnehmen und auf Küchenpapier abtropfen lassen.

Im restlichen Öl die ganzen Gewürze braten. Sobald sie nach 1–2 Minuten knistern, die Zwiebel zufügen und weich und hellbraun anbraten. Die gemahlenen Gewürze 30 Sekunden lang unterrühren, dann die Ingwer-Knoblauch-Paste zufügen und 2–3 Minuten braten, bis sie aromatisch duftet.

Tomate in die Pfanne geben und etwa 10 Minuten garen. Tamarinde einrühren, kurz köcheln lassen und dann Kokosmilch, Kichererbsen und Rettich zufügen. Wenn das Ganze wieder köchelt, braucht der Rettich noch 3–5 Minuten, bis er gar ist. Mit Koriander bestreuen.

- 200 g Kichererbsen, über Nacht in kaltem Wasser eingeweicht
- 1 Lorbeerblatt
- 1 TL Salz (oder nach Geschmack)
- 30 g Tamarindenmark*
- 200 g Daikon-Rettich *(mooli)*
- 2 EL Öl
- 2 Gewürznelken
- 2,5 cm Zimtstange oder Kassiarinde
- 2 grüne Kardamomkapseln
- 1 große Zwiebel, gehackt
- ½ TL gemahlene Kurkuma
- 1 TL Chilipulver
- ¾ TL gemahlener Koriander
- 2 TL Ingwer-Knoblauch-Paste*
- 1 Tomate, fein gehackt
- 300 ml Kokosmilch*
- 1 EL Korianderblätter, gehackt

PAPPU DOSAKAI

Kürbis mit Hülsenfrüchten ANDHRA PRADESH, SÜDINDIEN

Überall in Indien ist die Kombination von Hülsenfrüchten und Kürbis gang und gäbe. Meist wird dieses Rezept mit Flaschenkürbis zubereitet, genauso würden sich aber Butternusskürbis oder auch eine gelbfleischige Art eignen. Dieses Rezept stammt von einer Familie in Guntur, wo vorzügliche Chilis reifen.

Den Kürbis schälen, die Kerne entfernen und das Fruchtfleisch in 2,5 cm große Würfel schneiden. *Bengal gram* in kochendem Salzwasser etwa 20 Minuten garen – die Hülsenfrüchte sollen eben weich sein, aber noch viel Biss haben. Das Wasser bis auf etwa 250 ml abgießen.

Chilis, Kürbis, Zwiebeln und Tomaten dazugeben. Bei niedriger Temperatur etwa 10 Minuten köcheln lassen, bis der Kürbis weich wird.

Chilipulver, gerösteten Koriander, Kurkuma, Knoblauch und ½ Teelöffel Salz zufügen und einige Minuten rühren. Kokosraspel unterziehen und das Gericht noch 5 Minuten köcheln lassen, dabei nach Bedarf etwas mehr Wasser zugießen. Mit dem gehackten Koriander würzen und vom Herd nehmen.

In einzelnen Schalen anrichten, nach Belieben mit frischen Kokosnussscheiben garnieren und mit Fladenbrot servieren.

500 g Speise- oder Flaschenkürbis *(dudi)*
150 g *bengal gram**
Salz
2 grüne Chilischoten, längs aufgeschlitzt
2 Zwiebeln, in feine Ringe geschnitten
2 Tomaten, in Spalten geschnitten
1 TL Chilipulver
½ TL gemahlener Koriander, geröstet
¼ TL gemahlene Kurkuma
½ TL Knoblauch, fein gehackt
4 EL Kokosnuss*, frisch gerieben
4 EL Korianderblätter, gehackt

GARNITUR:
dünne Scheiben von frischer Kokosnuss*
 (nach Belieben)

TADKA DAL

Kichererbsen nach Hausfrauenart NORDINDIEN

Knoblauch und Chilipulver verleihen diesem herzhaften Klassiker der indischen Küche ein besonderes Aroma. Ein einfaches Rezept, das schnell umgesetzt werden kann.

Die Kichererbsen mit 1 l Wasser, der Kurkuma und dem Salz zum Kochen bringen und 15–20 Minuten köcheln lassen, bis sie gar sind.

Das Öl in einer Schmorpfanne erhitzen und den Knoblauch hellbraun anbraten. Das Chilipulver untermischen und 1 Minute mitbraten. Die Tomaten zufügen und 3–4 Minuten garen, dann die Kichererbsen dazugeben. Alles 10–15 Minuten köcheln lassen.

Das *dal* zuletzt mit den Korianderstreifen und nach Belieben mit frittierten Zwiebeln bestreuen. Heiß servieren.

300 g *chana dal** (siehe Stichwort *dal*)
1 TL gemahlene Kurkuma
1 TL Salz
1 EL Pflanzenöl
1 TL Knoblauch, fein gehackt
1 TL Chilipulver
2 mittelgroße Tomaten, gehackt
1 TL Korianderblätter, in Streifen geschnitten
frittierte Zwiebeln (nach Belieben)

CHANA MASALA
Kichererbsen nach Punjab-Art NORDINDIEN

Kichererbsen, rote Kidneybohnen und Linsen und andere getrocknete Hülsenfrüchte weicht man in Indien oft über Nacht ein, um die Garzeit zu verkürzen. Gewöhnlich wird dieses in Nordindien überaus beliebte Gericht mit frittierten Fladen (siehe Seite 136) serviert. Außerdem empfehle ich dazu grüne Chilis und Mango-Pickles.

Die Kichererbsen abseihen, in einem Topf mit 1 l frischem Wasser bedecken und den Teebeutel zufügen. Zum Kochen bringen und dann bei niedriger Temperatur etwa 2 Stunden köcheln lassen, bis die Kichererbsen weich sind – dabei gegen Ende der Garzeit ½ Teelöffel Salz zufügen. Die Kichererbsen abseihen und das Kochwasser auffangen.

In einer Schmorpfanne, einem Wok oder einer *karhai** das Öl erhitzen und die Zwiebeln darin weich und goldgelb braten. Den Knoblauch mit dem Ingwer und den Chilis zufügen und in 1–2 Minuten ebenfalls goldgelb braten.

Die Tomaten untermischen und einige Minuten dünsten, bis sie weich werden. Die gemahlenen Gewürze einrühren und alles bei verminderter Temperatur noch 2 Minuten garen, bis sich das Fett abscheidet.

Die Kichererbsen mit etwa 250 ml des Kochwassers hinzufügen, nach Bedarf etwas nachsalzen und etwa 20 Minuten köcheln lassen. Wenn sie die gesamte Flüssigkeit aufgenommen haben, 1 Esslöffel gehackten Koriander untermischen.

Garam masala und die gerösteten und zerstoßenen Gewürze einrühren. Das Gericht zuletzt mit dem Zitronensaft beträufeln und mit den Ingwerstreifen sowie dem restlichen gehackten Koriander bestreuen.

- 250 g Kichererbsen, über Nacht in kaltem Wasser eingeweicht
- 1 Beutel Schwarztee
- ½ TL Salz (oder nach Geschmack)
- 3 EL Pflanzenöl
- 4 mittelgroße Zwiebeln, gehackt
- 2 TL Knoblauch, gehackt
- 1 EL Ingwerwurzel, gehackt
- 3 grüne Chilischoten, in Ringe geschnitten
- 5 Tomaten, gehackt
- 2 TL gemahlener Koriander
- 1 TL gemahlener Kreuzkümmel
- ½ TL gemahlene Kurkuma
- 1 TL Chilipulver
- 2 EL Korianderblätter, gehackt
- ¼ TL *garam masala**
- 1 TL Kreuzkümmel, geröstet und zerstoßen
- 1 TL Koriandersamen, geröstet und zerstoßen
- 1 EL Zitronensaft
- 1 EL Ingwerwurzel, in feine Streifen geschnitten

AAMER DIYE TAWKER DAL
Würzige Linsen mit Mango BENGALEN, OSTINDIEN

Linsen werden überall in Indien auf zahllose Arten und Weisen zubereitet. Dieses Rezept ist in den Dörfern Bengalens sehr beliebt. Die bengalische Küche versteht es ganz besonders, dem natürlichen Geschmack der Zutaten Rechnung zu tragen.

Die Linsen mit 800 ml Wasser, der Kurkuma, dem Mangopulver oder den Mangoscheiben und dem Salz aufsetzen. Zum Kochen bringen und etwa 15–20 Minuten köcheln lassen, bis die Linsen und die Mangos (falls verwendet) gar sind.

Das Öl in einer großen Pfanne erhitzen. Die Senfsamen und, sobald sie knistern, die Chilis zufügen, gefolgt von der Linsen-Mango-Mischung. Etwa 5 Minuten köcheln lassen, bis die Flüssigkeit etwas eingekocht ist.

Vor dem Servieren mit den Korianderblättern bestreuen.

- 250 g *masoor dal** (siehe Stichwort *dal*), gewaschen
- ½ TL gemahlene Kurkuma
- 1 EL Mangopulver* oder 2 kleine unreife Mangos, geschält und in Scheiben geschnitten
- 1 TL Salz
- 1 EL Senf- oder Pflanzenöl
- ½ TL schwarze Senfsamen
- 3 grüne Chilischoten
- 1 EL Korianderblätter, gehackt

BEILAGEN

In Indien werden verschiedene Getreidesorten wie Mais, Hirse und Gerste angebaut. Aber die im Norden so überaus beliebten Fladenbrote wie Chapati und Naan werden aus Weizenmehl hergestellt. Sie dürfen dort bei keiner Mahlzeit fehlen, während im Süden des Landes Reis fast jedes Essen begleitet. Fast genauso unverzichtbar – ob bei einem Imbiss oder einem richtigen Essen – sind Chutneys. Hier stelle ich eine Auswahl von pikanten, süßen oder auch säuerlichen Varianten vor, die sich mit den Snacks und Hauptgerichten in diesem Buch ganz ausgezeichnet kombinieren lassen.

NIRAMISH PULAO

Gemüsereis VARANASI, NORDINDIEN

Varanasi, das einstige Benares, ist nicht nur eine heilige Stadt der Hindus, sondern auch eine Stadt kulinarischer Traditionen. Denkbar unkompliziert ist dieses interessante Reisgericht.

Den Reis in kaltem Wasser waschen, das Sie mehrmals erneuern. Mit kaltem Wasser bedeckt 15–20 Minuten quellen lassen, danach abseihen.
    Alle Zutaten für die Würzpaste im Mixer fein pürieren.
    Die Butter mit dem Öl in einem schweren Topf zerlassen. Die Zwiebeln mit den ganzen Gewürzen unter ständigem Rühren anbraten, bis sie weich und goldgelb sind.
    Die Erbsen und Bohnen zufügen. Nach 3–5 Minuten erst die Tomaten, dann die Würzpaste untermischen und 2–3 Minuten rühren. Den Reis mit 1 l Wasser und dem Salz dazugeben. Zum Kochen bringen und bei verminderter Temperatur etwa 20 Minuten köcheln lassen, bis er das gesamte Wasser aufgenommen hat und gar ist. Heiß servieren.

500 g Basmati-Reis
1 EL Butter
2 TL Pflanzenöl
100 g Zwiebeln, in Ringe geschnitten
2,5 cm Zimtstange oder Kassiarinde
2 schwarze Kardamomkapseln
1 Muskatblüte (Macis)
200 g Erbsen (frisch oder tiefgefroren)
200 g Buschbohnen, in Stücke geschnitten
100 g Tomaten, gehackt
1 TL Salz (oder nach Geschmack)

WÜRZPASTE:
½ TL gemahlene Kurkuma
10 g Ingwerwurzel, grob gehackt
50 g Korianderblätter

BANGALI PULAO

Würziger Pilaw OSTINDIEN

Zu einem mit Lorbeerblättern zubereiteten Kartoffelcurry schmeckt mir dieser Pilaw mit seiner ungewöhnlichen Kombination würzender Zutaten ganz besonders. Er darf bei *durga puja*, einem wichtigen Fest der Hindus, nicht fehlen.

Den Reis in kaltem Wasser waschen, das Sie mehrmals erneuern. Mit kaltem Wasser bedeckt 1 Stunde quellen lassen, danach abseihen.
    Die Butter in einem schweren, eventuell ofenfesten Topf zerlassen. Die ganzen Gewürze mit den Nüssen und Rosinen braten, bis sie knistern.
    Den Reis zufügen und 1 Minute rühren. 800 ml Wasser zugießen, dann *garam masala*, Safran, Muskatnuss, Salz und Zucker untermischen. Alles zum Kochen bringen und etwa 8–10 Minuten köcheln lassen, bis der Reis an der Oberfläche trocken ist, das meiste Wasser also aufgesogen hat.
    Einen fest schließenden Deckel auflegen und den Reis bei niedriger Temperatur auf dem Herd oder im Backofen bei 180 °C (Umluftherd 160 °C) in 10–12 Minuten fertig garen.
    Mit dem Rosenwasser und dem *kewra*-Blütenwasser (falls verwendet) beträufeln und mit einer Gabel auflockern. Vor dem Servieren nach Belieben mit Rosenblättern und Jasminblüten garnieren.

400 g Basmati-Reis
50 g Butter
5 cm Zimtstange oder Kassiarinde
2 Gewürznelken
3 grüne Kardamomkapseln
50 g Cashewnüsse
25 g Rosinen
1 TL *garam masala**
1 Prise Safranfäden*
frisch geriebene Muskatnuss nach Geschmack
1 TL Salz (oder nach Geschmack)
1 TL Zucker
1 TL Rosenwasser
1 TL *kewra*-Blütenwasser* (nach Belieben)

GARNITUR:
Rosenblütenblätter und Jasminblüten
    (nach Belieben)

ARROZ COM COCO

Kokosreis   GOA, WESTINDIEN

Mit Basmati-Reis gelingt dieses Rezept genauso gut wie mit dem roten Reis, der in Goa angebaut und viel verwendet wird. Dort ist dieser Kokosreis ein Standardgericht. Er harmoniert hervorragend mit den meisten Currys aus Westindien.

Den Reis in kaltem Wasser waschen, das Sie mehrmals erneuern. Mit kaltem Wasser bedeckt 15–20 Minuten quellen lassen, danach abseihen.

Das Öl in einem schweren Topf erhitzen und die ganzen Gewürze 1–2 Minuten anbraten. Die Ingwer-Knoblauch-Paste einrühren und nach 2–3 Minuten die Zwiebeln untermischen. Sobald sie weich und goldgelb sind, die Kurkuma und den Reis dazugeben und 2 Minuten unter Rühren braten.

Die Kokosmilch mit 100 ml Wasser sowie das Salz zufügen. Das Ganze erhitzen, bis es köchelt. Nun den Reis etwa 20 Minuten garen, bis er weich ist und die Flüssigkeit aufgenommen hat.

250 g Basmati-Reis
2 EL Kokos- oder Pflanzenöl
2,5 cm Zimtstange oder Kassiarinde
2 Gewürznelken
6–8 schwarze Pfefferkörner
3 grüne Kardamomkapseln
½ TL Ingwer-Knoblauch-Paste*
100 g Zwiebeln, in Ringe geschnitten
½ TL gemahlene Kurkuma
300 ml Kokosmilch*
1 TL Salz

ELUMICHAMPAZHA SADAM

Zitronenreis   SÜDINDIEN

Reis ist im Süden des Landes »das tägliche Brot«. Er begleitet fast jede Mahlzeit und wird dort entsprechend abwechslungsreich zubereitet. Diese Variante begeistert durch ihre vielen aromatischen Zutaten und passt zu den meisten südindischen Hauptgerichten, die ich in den vorhergehenden Kapiteln vorgestellt habe.

Den Reis in reichlich kochendem Salzwasser etwa 20 Minuten garen, bis die Körner zwar weich sind, aber noch Biss haben. Inzwischen die Zutaten für das Gewürzpulver in einer schweren Pfanne bei mittlerer Temperatur 1–2 Minuten rösten, bis sie knistern. Dabei die Pfanne immer wieder rütteln. Etwas abkühlen lassen und in einer Gewürzmühle, im Mixer oder im Mörser fein mahlen. Den fertig gegarten Reis abseihen.

Das Öl in einem schweren Topf erhitzen. Senfsamen, Kreuzkümmel, *urid dal* und *chana dal*, getrocknete Chilischote, Asafötida und Curryblätter zufügen. Sobald die Senfsamen wie Popcorn springen, die grünen Chilis, Ingwer und Erdnüsse dazugeben und alles noch 2–3 Minuten braten.

Den Reis mit Kurkuma und etwas Salz zufügen. Bei niedriger Temperatur unter ständigem Rühren richtig durchwärmen, dann das geröstete Gewürzpulver gründlich unterziehen. Den Topf vom Herd nehmen und den Zitronensaft einrühren.

Den Reis mit dem gehackten Koriander bestreuen und servieren.

300 g Basmati-Reis
Salz
2 EL Pflanzenöl
1 TL schwarze Senfsamen
1 TL Kreuzkümmel
je 1 TL *urid dal** und *chana dal**
1 getrocknete rote Chilischote
½ TL Asafötida*
10 Curryblätter
2 grüne Chilischoten, gehackt
1 EL Ingwerwurzel, fein gehackt
3 EL Erdnusskerne
¼ TL gemahlene Kurkuma
Saft von 2 Zitronen
2 EL Korianderblätter, gehackt

GERÖSTETES GEWÜRZPULVER:
½ TL Anissamen
2 grüne Kardamomkapseln
1 Gewürznelke
1 cm Zimtstange oder Kassiarinde
½ TL Mohnsamen

MEETHE CHAWAL

Süßer Reis ZENTRALINDIEN

Süße Reisgerichte findet man häufig in muslimischen Regionen, wo sie vor allem anlässlich von Festen gekocht werden. Je nach Region können sie aufwendig sein oder, wie in diesem Fall, schlicht, aber nicht minder verlockend.

300 g Basmati-Reis
125 g *jaggery** oder Palmzucker
50 g *ghee** oder Butter
4 TL Zucker
2 Gewürznelken
4 schwarze Pfefferkörner
2 grüne Kardamomkapseln
5 cm Zimtstange oder Kassiarinde
25 g ungesüßte Kokosraspel, geröstet
1 TL Fenchelsamen

Den Reis in kaltem Wasser waschen, das Sie mehrmals erneuern. Mit kaltem Wasser bedeckt 15–20 Minuten quellen lassen. *Jaggery* oder Palmzucker in 125 ml Wasser auflösen.

Ghee oder Butter in einem schweren, eventuell ofenfesten Topf zerlassen. Zucker zufügen und goldgelb karamellisieren. Vorsichtig 600 ml Wasser zugießen, dann die ganzen Gewürze, die Kokosraspel und die Fenchelsamen zufügen und alles zum Kochen bringen.

Den Reis abseihen, in den Topf geben und bei mittlerer Temperatur 10 Minuten köcheln lassen, bis er das Wasser weitgehend aufgesogen hat. Den Zuckersirup einrühren.

Den Reis mit Alufolie oder einem feuchten Mulltuch abdecken und einen fest schließenden Deckel auflegen. Bei niedriger Temperatur auf dem Herd oder im Backofen bei 180 °C (Umluftherd 160 °C) in 12–15 Minuten fertig garen. Mit einer Gabel auflockern und servieren.

CHAPATI

Vollkornfladen aus der Pfanne NORDINDIEN

Im Norden Indiens ist Brot das wichtigste Grundnahrungsmittel und wird auch als »dritte Hand« bezeichnet – schließlich ist es nicht allein Beilage zu den Speisen, sondern dient ebenso dazu, *dal** oder Saucen aufzunehmen. *Chapati* kennt man auch unter anderen Namen, als *roti* und *phulka* beispielsweise. Die Fladen werden aus *atta* gemacht, einem speziellen Weizenmehl.

ERGIBT 10–12 STÜCK
250 g *atta**, zusätzlich mehr zum Bestäuben
1 TL Salz
ghee* oder zerlassene Butter zum Servieren

Das Mehl mit dem Salz in eine Schüssel sieben und 100 ml Wasser einrühren. Den Teig kneten, bis er elastisch wird, und noch 3–4 Esslöffel Wasser einarbeiten. Mit einem feuchten Tuch bedeckt 15 Minuten ruhen lassen.

Mit eingemehlten Händen den Teig in 10–12 gleich große Portionen teilen und zu Kugeln formen. Auf der leicht bemehlten Arbeitsfläche mit der Hand flach drücken und dann zu 12 cm großen Kreisen ausrollen.

Eine gusseiserne Pfanne erhitzen. Den ersten Fladen hineinlegen und bei niedriger Temperatur 1–2 Minuten backen, bis sich dunkle Flecken zeigen. Wenden und von der zweiten Seite genauso bräunen. In ein Tuch einschlagen und warm stellen, bis die übrigen Fladen fertig sind.

Die *chapati* heiß servieren und mit etwas *ghee* oder Butter bestreichen.

PARATHA
Geschichtete Vollkornfladen NORDINDIEN

Der Teig ist derselbe wie bei den *chapati* und wird ebenfalls ausgewalzt, dann aber mit Fett bestrichen und mehrmals gefaltet. Inder essen *paratha* mit einem Gemüsecurry oder mit einem Pickle und Joghurt gern zum Frühstück.

ERGIBT 5–6 STÜCK
250 g *atta**
1 TL Salz
Weizenmehl (Type 405) zum Bestäuben
3 EL *ghee** oder zerlassene Butter

Das Mehl mit dem Salz in eine Schüssel sieben und 100 ml Wasser gründlich einrühren. Den Teig kneten, bis er glatt und elastisch ist, und dabei langsam noch 3–4 Esslöffel Wasser einarbeiten. Mit einem feuchten Tuch bedeckt 15 Minuten ruhen lassen.

Mit eingemehlten Händen 5 oder 6 gleich große Kugeln formen. Diese auf der leicht bemehlten Arbeitsfläche mit der Hand flach drücken und zu 12 cm großen Kreisen ausrollen.

Dünn mit *ghee* oder Butter bestreichen und mit etwas Mehl bestäuben. Anschließend in der Mitte zusammenklappen. Wie zuvor mit Fett bestreichen, mit Mehl bestäuben und erneut falten, sodass Dreiecke entstehen. Die Teiglagen fest zusammendrücken und das Ganze auswalzen, wobei die Dreiecksform erhalten bleiben soll.

Eine gusseiserne Pfanne erhitzen. Das erste Teigdreieck hineinlegen und bei niedriger Temperatur 1–2 Minuten backen, bis sich dunkle Flecken zeigen. Wenden und von der zweiten Seite genauso bräunen. Mit Fett bestreichen und von beiden Seiten in jeweils etwa 30 Sekunden goldbraun braten. Aus der Pfanne nehmen und warm stellen.

POORI
Ausgebackene Vollkornfladen NORDINDIEN

Wieder ist der Teig identisch mit dem für *chapati*, aber diesmal werden die Fladen schwimmend ausgebacken, wobei sie locker aufgehen. Man isst sie einfach so oder auch mit Gemüse gefüllt und in Indien, begleitet von einem Kartoffelcurry, häufig zum Frühstück.

ERGIBT 20 STÜCK
250 g *atta**
1 TL Salz
2 EL Pflanzenöl, zusätzlich mehr zum Frittieren

Das Mehl mit dem Salz in eine Schüssel sieben und das Öl zufügen. Langsam etwa 125 ml Wasser einrühren, sodass ein glatter, fester Teig entsteht. Mit den Händen kneten, bis er glatt und elastisch ist. Dann, mit einem feuchten Tuch abgedeckt, 30 Minuten ruhen lassen.

Den Teig nochmals durchkneten. In 20 gleiche Portionen teilen, flach drücken und zu 7–8 cm großen Kreisen ausrollen. In der Fritteuse, einem schweren Topf oder einem Wok reichlich Öl auf 180–190 °C erhitzen.

Jeweils 2 oder 3 Fladen gleichzeitig 1–2 Minuten ausbacken, bis sie sich aufblähen. Wenden, nach 1 Minute aus dem Öl heben und auf Küchenpapier abtropfen lassen. Warm stellen, bis die übrigen *poori* fertig sind.

NAAN
Hefebrot mit Sesam und Mohn   NORDINDIEN

Charakteristisch für dieses klassische Brot aus dem Norden, das dort traditionsgemäß im *tandoor** **zubereitet wird, ist seine Tropfenform.**

In einer kleinen Schüssel die Hefe und den Zucker in der Milch auflösen. Die Mischung 20 Minuten ruhen lassen, bis sie schäumt.

Das Mehl mit dem Salz in eine Schüssel sieben. Den Joghurt, die Hefemischung und 2 Esslöffel der Butter zufügen und alles zu einem glatten Teig verkneten. In eine dünn mit Öl ausgestrichene Schüssel legen, mit einem feuchten Tuch abdecken und an einem warmen Platz in 3–4 Stunden gehen lassen, bis sich der Teig verdoppelt hat. Nun den Teig in 8 gleiche Portionen teilen, zu Kugeln formen und auf einem Tablett an einem warmen Platz nochmals 10 Minuten gehen lassen. Den Backofen auf 220 °C (Umluftherd 200 °C) vorheizen.

Die Teigkugeln zu Kreisen ausrollen und an einer Stelle so in die Länge ziehen, dass sie die typische Tropfenform annehmen. Die Fladen auf der Oberseite mit der restlichen Butter bestreichen, anschließend mit dem Sesam und dem Mohn bestreuen. Auf Backbleche legen und jeweils für 4–5 Minuten in den Ofen schieben, bis sie braun gesprenkelt sind.

Heiß servieren.

Variante: Ersetzen Sie die Mohnsamen durch 2–3 Esslöffel feine Mandelstifte.

ERGIBT 8 STÜCK
1 EL Trockenhefe
1 TL Zucker
150 ml lauwarme Milch
450 g Weizenmehl (Type 550)
2 TL Salz
2 EL Joghurt
3 EL zerlassene Butter, abgekühlt
1 EL Sesamsamen
2 EL Mohnsamen

BHATURA
Ausgebackene Weizenfladen   PUNJAB, NORDINDIEN

Zusammen mit *chana masala* **(Kichererbsen nach Punjab-Art, Rezept Seite 129) ergeben** *bhatura* **eine sehr populäre sättigende Mahlzeit. Hier stelle ich eine unkomplizierte Variante vor.**

Das Mehl mit dem Salz und dem Backpulver in eine Schüssel sieben. Zucker, Ei, Joghurt und 100 ml Wasser zufügen. Alles vermengen und kneten, bis ein weicher Teig entsteht, in den Sie zuletzt die Butter einarbeiten. In eine dünn mit Öl ausgestrichene Schüssel legen, mit einem feuchten Tuch abdecken und 2 Stunden gehen lassen.

Den Teig in 12 gleiche Portionen teilen und auf der leicht bemehlten Arbeitsfläche zu 10 cm großen Kreisen ausrollen.

In der Fritteuse, einem schweren Topf oder einem Wok reichlich Öl auf 180–190 °C erhitzen. Die Fladen einzeln oder paarweise etwa 1–2 Minuten ausbacken, bis sie sich aufblähen. Wenden, nach 1 Minute mit einer Schaumkelle aus dem Öl heben und auf Küchenpapier abtropfen lassen. Warm stellen, bis die übrigen *bhatura* fertig sind, und heiß servieren.

ERGIBT 12 STÜCK
400 g Weizenmehl (Type 550), zusätzlich mehr zum Bestäuben
1 TL Salz
1 TL Backpulver
1 TL Zucker
1 Ei
60 g Joghurt
1 EL zerlassene Butter
Pflanzenöl zum Frittieren

GAJJAR KI CHUTNEY

Möhren-Chutney NORDINDIEN

Schon eine ganze Weile schwärmen die Gäste meines Restaurants von diesem Chutney, das sich gut als Beigabe zu Salaten und Kanapees eignet.

Die Möhren schälen und raspeln. Auf einem Backblech verteilen und 30 Minuten an der Sonne oder auf einem Heizkörper trocknen lassen.

Die Ingwer-Knoblauch-Paste auf ein Stück Mulltuch geben. Die Zipfel zusammenfassen und über einer Schüssel fest zusammendrehen, um möglichst viel Saft aus der Paste zu pressen. Den Rückstand im Tuch wegwerfen.

Den Essig mit dem Zucker in eine Schmorpfanne, einen Wok oder eine *karhai** geben und bei niedriger Temperatur erhitzen. Sobald sich der Zucker aufgelöst hat, zum Kochen bringen und die Möhren mit dem Ingwer-Knoblauch-Saft, den Gewürzen und dem Salz zufügen. Die Temperatur zurückschalten und alles unter häufigem Rühren etwa 1–1½ Stunden leise köcheln lassen, bis die Flüssigkeit beinahe vollständig verdampft ist. Die Rosinen untermischen und alles unter Rühren noch 5 Minuten köcheln lassen, bis die Möhren ganz trocken sind. Vom Herd nehmen und abkühlen lassen.

Das Chutney in ein sterilisiertes Glas mit Schraubdeckel füllen, fest verschließen und noch mindestens 2 Tage ruhen lassen. An einem kühlen Platz hält es sich 4 Wochen. Nach dem Öffnen im Kühlschrank aufbewahren und innerhalb von 1 Woche aufbrauchen.

ERGIBT 1 KILOGRAMM

1 kg Möhren
20 g Ingwer-Knoblauch-Paste*
300 g Zucker
250 ml Weißweinessig
1 TL Koriandersamen
2 Stück Sternanis
1½ EL Chilipulver
1 EL gemahlener Kreuzkümmel
1 EL *garam masala**
1 EL Salz
200 g Rosinen

VENGAYA THUVAIYAL

Zwiebel-Chutney SÜDINDIEN

Zu Appetithappen wie indischen Dim Sum oder knusprigen Gemüsetaschen (Rezepte Seite 16 und 19) bildet dieses frische Chutney eine exzellente Ergänzung. In Südindien isst man es gern zu Reispfannkuchen und gedämpften Reisküchlein oder auch einfach zu gedämpftem Reis.

Das Tamarindenmark in 4 Esslöffeln warmem Wasser 20 Minuten einweichen, danach durch ein feines Sieb streichen.

In einer tiefen Pfanne 1 Esslöffel Öl erhitzen und alle Chilis mit den Senfsamen, dem *urid dal* und dem Asafötida 1–2 Minuten anbraten, bis die Mischung knistert. In eine kleine Schüssel umfüllen.

In derselben Pfanne im restlichen Öl die Zwiebeln weich und goldgelb schwitzen. Mit der gebratenen Würzmischung, dem Koriander, dem Salz und der Tamarinde in den Mixer geben und alles zu einer groben Paste verarbeiten. Das Chutney in eine Servierschüssel füllen und noch am selben Tag verbrauchen.

ERGIBT 200 GRAMM

1 EL Tamarindenmark*
3 EL Pflanzenöl
1 getrocknete rote Chilischote
2 grüne Chilischoten, gehackt
1½ TL Senfsamen
3 TL *urid dal** (siehe Stichwort *dal*)
¼ TL Asafötida*
3 mittelgroße rote Zwiebeln, gehackt
5 EL Korianderblätter, gehackt
1 TL Salz

DHANIYA AUR MUNGFALI KI CHUTNEY
Koriander-Chutney NORD- UND WESTINDIEN

Dieses pikante Chutney passt nicht nur zu den meisten indischen Snacks, wie man sie oft auch an Straßenständen bekommt, sondern ebenso zu vielen Gerichten mit Fisch oder Huhn. Mit weniger Chilis erzielt man einen entsprechend milderen Geschmack.

Alle Zutaten in den Mixer füllen und glatt pürieren. Das Chutney nach Bedarf mit etwas Wasser verdünnen. In eine Servierschüssel füllen und noch am selben Tag verbrauchen.

ERGIBT 100 GRAMM

100 g Korianderblätter, grob zerpflückt
4 grüne Chilischoten, entstielt
1 EL Ingwerwurzel, gehackt
2 Knoblauchzehen, zerdrückt
3 EL Zitronensaft
1 EL *urid dal** oder Erdnüsse, geröstet
½ TL Salz

TETULER MISHTI CHOTNI
Süßes Tamarinden-Chutney WESTBENGALEN, OSTINDIEN

Die ostindischen Chutneys unterscheiden sich deutlich von denen aus anderen Teilen des Landes, zumal die Bengalen die geschmackliche Feinabstimmung meisterlich beherrschen. Zu frittierten Snacks wie Gemüsetaschen (Rezept Seite 19) und zu Salaten passt dieses Chutney ebenso wie zu manchen Hauptgerichten.

Das Tamarindenmark in 250 ml warmem Wasser 20 Minuten einweichen, danach über einer Schüssel durch ein feines Sieb streichen. Den Rückstand im Sieb wegwerfen.

Den Zucker, das Chilipulver, die gerösteten Gewürze und das Salz untermischen. Das Chutney bei Bedarf mit etwas Wasser verdünnen.

Kalt stellen und vor dem Servieren mit dem gehackten Koriander bestreuen. Am Tag der Zubereitung verbrauchen.

ERGIBT 400 GRAMM

150 g Tamarindenmark*
150 g *jaggery** oder Palmzucker, gerieben
1 TL Chilipulver
1 TL Koriandersamen, geröstet
1 TL Anissamen, geröstet
1 TL Kreuzkümmel, geröstet
1½ TL Salz
2 EL Korianderblätter, gehackt

DAHI AUR SARSON KI CHUTNEY
Senf-Joghurt-Chutney SÜDINDIEN

Ich reiche dieses leichte Chutney zu verschiedenen Appetizern.

Den Joghurt mit Honig, Salz, Ingwer und Minze in einer Schüssel mit einem Schneebesen verrühren.

Das Öl in einer Pfanne erhitzen und die Senfsamen mit der Kurkuma braten, bis sie leise zischen. Die Mischung gründlich unter den Joghurt ziehen. Das Chutney zuletzt mit Limettensaft abschmecken.

Kalt stellen und noch am selben Tag servieren.

ERGIBT 300 GRAMM

300 g Joghurt
1 EL flüssiger Honig
1 TL Salz
1½ TL Ingwerwurzel, fein gehackt
1 EL Minze, fein gehackt
2 TL Pflanzenöl
½ TL Senfsamen
¼ TL gemahlene Kurkuma
1 TL Limettensaft (nach Belieben)

BHUNE TIMATER KI CHUTNEY

Chutney von gegrillten Tomaten NORD- UND OSTINDIEN

Exzellent macht sich dieses frische Chutney zu indischen Dim Sum (Rezept Seite 16), aber es passt auch zu vielen anderen Vorspeisen sowie zu Hauptgerichten mit Huhn, Lamm oder Fisch.

Den Grill auf hoher Stufe vorheizen. Die Tomaten einritzen, damit sie nicht platzen, und mit dem Knoblauch auf den Rost legen. Unter gelegentlichem Wenden grillen, bis sie ringsum angekohlt sind.

Sobald die Tomaten etwas abgekühlt sind, grob hacken. Den Knoblauch schälen und ebenfalls hacken. Beides mit den übrigen Zutaten außer dem Koriander in einer Schüssel gründlich vermischen. Zum Schluss den Koriander zufügen.

Das Chutney kalt stellen und noch am selben Tag verbrauchen.

ERGIBT 250 GRAMM
4 mittelgroße Tomaten
4 Knoblauchzehen, ungeschält
1 grüne Chilischote, fein gehackt
1 TL Ingwerwurzel, fein gehackt
1 EL Pflanzenöl
2 EL Zitronensaft
1 TL Kreuzkümmel, geröstet und zerstoßen
1 TL Salz
½ TL Zucker
2 EL Korianderblätter, fein gehackt

TAMOTOR CHOTNI

Tomaten-Chutney OSTINDIEN

Eine herzhafte Ergänzung zu den meisten indischen Snacks.

Das Öl in einem Topf erhitzen. Alle Gewürze mit den Chilis 1–2 Minuten braten, bis sie knistern. Den Essig mit dem Zucker zufügen und langsam zum Köcheln bringen.

Wenn sich der Zucker aufgelöst hat, die Tomaten mit dem Salz dazugeben und bei niedriger Temperatur etwa 1 Stunde unter häufigem Rühren garen, bis sie die typische Konsistenz eines Chutneys haben. Nun das Chutney abschmecken und vom Herd nehmen.

In sterilisierte Gläser mit Schraubdeckel füllen, abkühlen lassen und verschließen. An einem kühlen Platz hält sich das Chutney 2 Monate. Angebrochene Gläser im Kühlschrank aufbewahren und innerhalb von 2 Wochen verbrauchen.

ERGIBT 600 GRAMM
4 EL Pflanzenöl
1 TL Zwiebelsamen
1 TL Fenchelsamen
1 TL Kreuzkümmel
1 TL Senfsamen
2 getrocknete rote Chilischoten
300 ml Weißweinessig
350 g Palmzucker* (siehe Stichwort *jaggery*) oder brauner Zucker
1 kg reife Tomaten
1½ TL Salz (oder nach Geschmack)

LAHSUNI CHUTNEY

Knoblauch-Chutney NORDINDIEN

In Indien wird dieses würzige Chutney traditionell auf einem Mahlstein hergestellt. Mit dem Mixer gelingt es aber ebenso.

Alle Zutaten in den Mixer füllen und, eventuell unter Zugabe von etwas Wasser, zu einer geschmeidigen Paste verarbeiten. Luftdicht verschlossen im Kühlschrank aufbewahren und binnen 2–3 Tagen verbrauchen.

ERGIBT 200 GRAMM
200 g Knoblauchzehen, geschält
4 EL Chilipulver
4 EL Zitronensaft
1 TL Salz

AAM KI CHUTNEY
Mango-Chutney NORDINDIEN

Eine vorzügliche Beigabe zu vielen Vorspeisen in diesem Buch.

Die Mangos schälen, das Fleisch vom Stein lösen und raspeln.

Das Öl in einem Topf erhitzen und das *panch phoran* 1–2 Minuten anbraten, bis es knistert. Den Essig mit dem Zucker zufügen und langsam zum Köcheln bringen. Wenn sich der Zucker aufgelöst hat, die Mangos mit dem Ingwer und dem Salz dazugeben und bei niedriger Temperatur 30–45 Minuten garen, bis sie weich sind.

Das Chutney in ein sterilisiertes Glas füllen, abkühlen lassen und verschließen. Im Kühlschrank aufbewahren und innerhalb von 2 Wochen verbrauchen.

ERGIBT 600 GRAMM
1 kg große unreife Mangos
3 EL Pflanzenöl
2 TL *panch phoran**
200 ml Weißweinessig
200 g Rohzucker
50 g Ingwerwurzel, gehackt
2 TL Salz

AAM AUR KRISHNA KAMAL CHUTNEY
Mango-Maracuja-Chutney GOA, WESTINDIEN

Alphonso Pereira, ein Freund aus Goa, verriet mir dieses schnelle Rezept. Falls Sie ein dünneres Chutney bevorzugen, verwenden Sie die doppelte Menge Kokosmilch.

Über einem Sieb, das in eine Schüssel eingehängt ist, mit einem Löffel das Fruchtfleisch aus den Maracujas holen. Mit dem Löffelrücken ausdrücken und den Rückstand im Sieb wegwerfen.

Den Maracujasaft mit den übrigen Zutaten in den Mixer geben. Das Ganze fein pürieren, in eine Schüssel füllen und zugedeckt kalt stellen. Noch am selben Tag verwenden.

ERGIBT 150 GRAMM
2 Maracujas, halbiert
1 Knoblauchzehe, zerdrückt
1 grüne Chilischote, entstielt
abgeriebene Schale und Saft von 1 Limette
50 ml Kokosmilch*
1 TL Palmzucker* (siehe Stichwort *jaggery*) oder Rohzucker
½ TL Salz
100 g Fruchtfleisch von unreifer Mango, gehackt
1 EL Minzeblätter, gehackt

PUDHINAE KI CHUTNEY
Minze-Chutney NORDINDIEN

Mit seinem frischen Geschmack passt das Chutney, das im Nu fertig ist, zu vielen indischen Snacks und Vorspeisen. Sollten Sie Mangopulver* vorrätig haben, geben Sie zusätzlich zum *chat masala* 1 Teelöffel dazu. Geschmacklich ein Gewinn!

Die Minze und den Koriander mit dem Zitronensaft, der Chilischote, der Zwiebel und dem Ingwer im Mixer zu einer glatten Paste verarbeiten.

In einer Schüssel mit dem Joghurt, dem *chat masala*, dem Chilipulver und Salz verrühren. Zugedeckt in den Kühlschrank stellen und noch am selben Tag verwenden.

ERGIBT 300 GRAMM
200 g Minzeblätter
100 g Korianderblätter
3 EL Zitronensaft
1 grüne Chilischote, entstielt
½ rote Zwiebel, grob gehackt
1 EL Ingwerwurzel, grob gehackt
5 EL griechischer Joghurt
1 EL *chat masala**
½ TL Chilipulver
½ TL Salz (oder nach Geschmack)

ANARASHER CHOTNI

Ananas-Chutney WESTBENGALEN, OSTINDIEN

Köstlich als Ergänzung zu Snacks wie auch zu Hauptgerichten.

Das Fruchtfleisch der Ananas fein würfeln.

Das Öl in einem Topf erhitzen und die Senfsamen mit dem Lorbeer und den Nelken braten. Sobald sie nach 1–2 Minuten wie Popcorn springen, die Ananas mit dem Salz zufügen. Zugedeckt bei niedriger Temperatur ohne zusätzliche Flüssigkeit etwa 15 Minuten garen, bis sie weich wird.

Den Zucker mit 3 Esslöffeln Wasser einrühren, bis er aufgelöst ist. Das Ganze in etwa 30 Minuten einkochen, bis es die typische Konsistenz eines Chutneys hat. Abkühlen lassen, in ein sterilisiertes Glas füllen und verschließen. Im Kühlschrank aufbewahren und innerhalb von 1 Woche verbrauchen.

ERGIBT 300 GRAMM

1 mittelgroße Ananas, geschält, geviertelt, den Strunk entfernt
1 EL Senf- oder Pflanzenöl
1 TL Senfsamen
1 Lorbeerblatt
5 Gewürznelken
1 TL Salz
300 g *jaggery** oder Palmzucker

CHOTE SANTRAE KI CHUTNEY

Kumquat-Chutney NORDINDIEN

Eigentlich habe ich dieses Chutney als Beigabe zu meinem Salat von Krabbenfleisch mit Kokosnuss (Rezept Seite 36) erfunden, aber auch zu vielen Fischgerichten schmeckt es vorzüglich.

Die Früchte mit allen übrigen Zutaten in einen Topf mit schwerem Boden füllen. Erhitzen, bis das Ganze leise köchelt, und in etwa 45–60 Minuten unter ständigem Rühren einkochen, bis es die typische Konsistenz eines Chutneys hat.

Abkühlen lassen, in ein sterilisiertes Glas füllen und fest verschlossen im Kühlschrank aufbewahren. Innerhalb von 2 Wochen verbrauchen.

ERGIBT 500 GRAMM

500 g Kumquats, in feine Scheiben geschnitten
150 g Palmzucker* (siehe Stichwort *jaggery*) oder Rohrzucker
150 ml Weißweinessig
2 TL Kreuzkümmel, geröstet und zerstoßen
1 TL Koriandersamen, geröstet und zerstoßen
3 getrocknete rote Chilischoten
2 TL Melonenkerne, geröstet
2 TL Salz

SAEB KI CHUTNEY

Apfel-Chutney NORDINDIEN

Lange gehörte das Chutney-Rezept meines Vaters, das gut zu Huhn und Lamm passt, zu meinen Favoriten.

Die Äpfel schälen, vierteln, vom Kerngehäuse befreien und im Mixer oder in der Küchenmaschine pürieren. Sofort mit den übrigen Zutaten in einem Topf mit schwerem Boden zum Kochen bringen und unter häufigem Rühren etwa 45 Minuten sanft köcheln lassen, bis es eindickt. Vom Herd nehmen und abkühlen lassen. In einem sterilisierten Glas hält sich das Chutney, fest verschlossen, an einem kühlen Platz 2 Wochen. Nach dem Öffnen im Kühlschrank aufbewahren und innerhalb von 1 Woche verbrauchen.

ERGIBT 750 GRAMM

1 kg Kochäpfel
1 EL Ingwerwurzel, fein gehackt
1 EL Kreuzkümmel, geröstet und zerstoßen
1 EL Chilipulver
2 TL Salz
200 g Zucker
200 ml Weißweinessig

DESSERTS

Bei den Süßigkeiten endet für viele Westler die Liebe zur indischen Küche. Dabei haben sie durchaus ihre Reize. Um sie ins rechte Licht zu rücken, biete ich in meinem Restaurant eine interessante Auswahl von Desserts in moderner Interpretation an, die dem abendländischen Geschmack eher entgegenkommt. Vom muslimischen Norden bis zum hinduistischen Süden, vom katholischen Westen bis zum buddhistischen Osten spiegeln die süßen Genüsse die religiöse und kulturelle Vielfalt des Subkontinents wider. Lassen Sie sich verführen von den süßen Versuchungen der indischen Küche!

RAVA KESARI
Grießbrei SÜDINDIEN

Der Süden des Landes ist die eigentliche Heimat dieser schlichten Süßspeise, der man aber in Abwandlungen überall begegnet.

Das Öl in einem Topf, einem Wok oder einer *karhai** erhitzen und die Nüsse mit den Rosinen 2–3 Minuten anbraten, bis sie Farbe annehmen und die Rosinen sich aufplustern. Auf Küchenpapier abtropfen lassen.

Die Butter im Topf zerlassen und den Grieß etwa 10–15 Minuten braten, bis er goldbraun ist und nussig duftet. Langsam 300 ml heißes Wasser zugießen und dabei ständig rühren, damit sich keine Klumpen bilden. Den Zucker, den Kardamom und die Safranmilch dazugeben und alles bei niedriger Temperatur 5–7 Minuten köcheln lassen, sodass die Aromen schön verschmelzen. Die Kokosraspel, die Nüsse und die Rosinen untermischen. Den Topf vom Herd nehmen.

Den Brei in einer gefetteten flachen Form 2–3 cm hoch verstreichen und im Kühlschrank in etwa 1 Stunde fest werden lassen. In Dreiecke oder Rauten schneiden. Kalt servieren und jede Portion mit einem Klecks Safran-Kardamom-Joghurt und einigen Pflaumenspalten garnieren.

2 EL Pflanzenöl
10 Cashewnüsse
2 EL Rosinen
80 g Butter
250 g Weizengrieß
200 g extrafeiner Zucker
¼ TL gemahlener grüner Kardamom
1 Prise Safranfäden*, in 2 EL Milch eingeweicht
2 EL Kokosnuss*, frisch gerieben

GARNITUR:
80 g süßer Safran-Kardamom-Joghurt (Rezept Seite 148)
1 Pflaume, in dünne Spalten geschnitten

BADAMI PHIRNI
Mandel-Reis-Creme NORDINDIEN

Den besten *phirni* aller Zeiten habe ich in New York bei Julie Sahni probiert, einer Freundin, die sich mit ihren Publikationen über die indische Küche einen Namen gemacht hat.

Die Mandeln mit 150 ml kochendem Wasser übergießen und 30–40 Minuten einweichen, danach mit dem Wasser im Mixer fein pürieren. Die Paste über einer Schüssel in einem mit einem doppelten Mulltuch ausgelegten Sieb abseihen und den Rückstand kräftig ausdrücken, um möglichst viel von der aromatischen Mandelmilch zu gewinnen. Das Reismehl einrühren.

In einem schweren Topf die Milch und die Sahne mit dem Zucker langsam zum Kochen bringen. Die Temperatur verringern, sodass die Mischung nur noch leicht köchelt. Nach und nach die Reismehlmasse dazugießen und ständig mit einem Schneebesen rühren, damit sich keine Klumpen bilden. Bei niedriger Temperatur etwa 10–15 Minuten köcheln lassen, bis die Mischung eindickt und einen Löffelrücken gleichmäßig überzieht. Vom Herd nehmen und völlig abkühlen lassen.

Die Creme über einer Schüssel durch ein feines Sieb streichen und das Rosenwasser einrühren. Zugedeckt für 2–3 Stunden kalt stellen.

Die Granatäpfel halbieren, die saftigen Kerne herauslösen und auf der Creme verteilen. Zuletzt die Mandeln und Pistazien darüber streuen.

50 g blanchierte Mandeln
50 g Reismehl
300 ml Vollmilch
500 ml Sahne
150 g extrafeiner Zucker
2 TL Rosenwasser

GARNITUR:
2 Granatäpfel
2 EL blanchierte Mandeln, gehackt
2 EL Pistazienkerne, gehackt

SAEB KI KHEER
Apfeldessert aus Kaschmir   NORDINDIEN

Mein Ausbilder Imran Munir brachte mir die Zubereitung dieses Desserts bei.

Die Äpfel schälen, vierteln, vom Kerngehäuse befreien und in Spalten schneiden. Gleichzeitig 600 ml Wasser mit den 200 g Zucker in einem Topf mit schwerem Boden langsam erhitzen, bis sich der Zucker auflöst. Die Äpfel mit dem Zimt zufügen und etwa 10 Minuten garen, bis sie eben weich werden. Abkühlen lassen.

Die Milch in einem zweiten Topf zum Kochen bringen. Anschließend unter häufigem Rühren in etwa 1 Stunde beinahe auf ein Viertel ihres ursprünglichen Volumens einköcheln lassen. Den extrafeinen Zucker, die Safranmilch, den Kardamom und die Äpfel zufügen. Alles erhitzen und dabei rühren, bis sich der Zucker aufgelöst hat und alles gründlich vermischt ist.

Vom Herd nehmen und das Rosenwasser einrühren. Kalt stellen. Garniert mit den Pistazien und Minzestängeln, eisgekühlt servieren.

1 kg Äpfel
200 g Zucker
5 cm Zimtstange oder Kassiarinde
1,5 l Vollmilch
100 g extrafeiner Zucker
1 Prise Safranfäden*, in 1 EL warmer Milch eingeweicht
¼ TL gemahlener grüner Kardamom
1 TL Rosenwasser

GARNITUR:
1 EL Pistazienkerne, grob gehackt
Minzestängel

KHAJOOR KA KHAJA
Pasteten mit Dattel-Orangen-Füllung   NORDINDIEN

Bei muslimischen Festen werden diese knusprigen Pasteten überall verkauft. Der echte *khaja*-Teig liegt zwischen Blätterteig und Filoteig. Letzterer bildet aber einen brauchbaren Ersatz. Umwerfend schmecken die Pasteten mit dem Apfeldessert aus Kaschmir (siehe oben).

Die Datteln im Mixer fein hacken. Mit dem Kreuzkümmel, dem Orangensaft und 100 g Butter in einen Topf füllen. Bei niedriger Temperatur unter Rühren 15–20 Minuten köcheln lassen, danach vom Herd nehmen. Das Mandelmus und Schalenstreifen untermischen und das Ganze abkühlen lassen.

Das erste Teigblatt mit Butter bestreichen, darauf ein zweites Blatt legen und ebenfalls einpinseln. Entlang einer Kante 2 Löffel der Dattelmischung verteilen. Den Teig aufrollen und die Enden zusammendrehen – die Füllung ist jetzt komplett eingeschlossen. Das »Riesen-Bonbon« auf ein gefettetes Backblech legen und mit Butter bestreichen. Wie zuvor noch 3 weitere Pasteten herstellen und 20 Minuten kalt stellen

Den Backofen auf 190 °C (Umluftherd 170 °C) vorheizen. Die Pasteten in 10–12 Minuten knusprig und goldbraun backen. Abkühlen lassen.

Für die Sauce den Orangen- und Zitronensaft mit Zucker und Kardamom in einem schweren Topf langsam erhitzen, sodass sich der Zucker auflöst, und anschließend zu einem dicken Sirup einkochen. Abkühlen lassen.

Vor dem Servieren die Pasteten mit Puderzucker bestäuben. Schräg halbieren, auf einer Platte anrichten und mit der Sauce beträufeln.

300 g entsteinte Datteln
1 TL Kreuzkümmel, geröstet und zerstoßen
120 ml Orangensaft
150 g Butter, zerlassen
50 g Mandelmus
dünn abgeschälte Schale von 20 Kumquats oder 1 Orange, blanchiert und in feine Streifen geschnitten
8 Blatt Filoteig von je 20 · 20 cm
Puderzucker zum Bestäuben

SAUCE:
Saft von 4 Orangen
Saft von 2 Zitronen
180 g Zucker
15 Kardamomkapseln, angedrückt

GAJJAR KA HALWA
Möhren-Halva PUNJAB, NORDINDIEN

In den Wintermonaten ist diese Leckerei bei den Familien im Punjab ein absoluter Renner. Dort wird sie mit reinem *ghee* zubereitet, aber ich ziehe Butter vor. Ergänzt durch einen Klecks Milchcreme mit Kardamom und Safran ist sie unwiderstehlich.

Die Möhren schälen und fein raspeln. Die Milch in einem großen Topf zum Kochen bringen und unter häufigem Rühren in ungefähr 1 Stunde auf etwas mehr als die Hälfte einköcheln lassen.

Nun die Möhren einrühren. Das Ganze wieder zum Kochen bringen und dann bei verminderter Temperatur unter häufigem Rühren etwa 1 Stunde köcheln lassen, bis die gesamte Milch verdampft ist.

Den Zucker zufügen und unter Rühren auflösen. Die Mischung weiterköcheln lassen und rühren, bis sie weitgehend trocken ist. Die Butter dazugeben und alles noch 20–25 Minuten garen. Zuletzt Kardamom, Melonenkerne und die Rosinen untermischen. Den Topf vom Herd nehmen.

Auf einzelne Teller leicht gefettete Ausstechformen von 6–7 cm Durchmesser setzen. Die Masse einfüllen, glatt streichen und die Formen vorsichtig abnehmen. Jede Portion mit 1 Löffel der Milchcreme mit Kardamom und Safran, einem Minzestängel und Pistazien garnieren. Warm servieren.

Milchcreme mit Kardamom und Safran: In einem großen Topf 2 l Vollmilch zum Kochen bringen. Anschließend unter häufigem Rühren in etwa 1½ Stunden auf ein Drittel ihres ursprünglichen Volumens einkochen. 150 g Zucker zufügen und das Ganze noch 3–5 Minuten köcheln lassen, bis er sich aufgelöst hat. Zuletzt ½ Teelöffel gemahlenen grünen Kardamom und ¼ Teelöffel Safranfäden einrühren. Gekühlt servieren.

1 kg Möhren
2 l Vollmilch
200 g Zucker
100 g Butter oder *ghee**
1 TL gemahlener grüner Kardamom
1 EL Melonenkerne, geröstet
1 EL Rosinen, 10 Minuten in warmem Wasser eingeweicht, danach abgetropft

GARNITUR:
Milchcreme mit Kardamom und Safran (siehe unten)
4 Minzestängel
2 EL gehackte Pistazienkerne

SHRIKHAND
Süßer Safran-Kardamom-Joghurt WESTINDIEN

Diese Joghurtzubereitung fasziniert durch ihr apartes Aroma. In Mumbai (Bombay) genießt man sie zu ausgebackenen Vollkornfladen (Rezept Seite 135).

Den Joghurt in die Mitte eines Mulltuchs geben. Die Zipfel zusammenknoten und den Beutel an einem kühlen Platz über einer Schüssel aufhängen. Den Joghurt 2–3 Stunden lang komplett abtropfen lassen.

In einer frischen Schüssel mit dem Zucker, der Safranmilch und dem Kardamom mit einem Schneebesen verrühren. In kleine Schalen füllen und für 1 Stunde kalt stellen.

Vor dem Servieren mit Mandel- und Pistazienstiften bestreuen.

1 kg dicker griechischer Joghurt
150 g extrafeiner Zucker
1 Prise Safranfäden*, in 1 EL warmer Milch eingeweicht
1 TL gemahlener grüner Kardamom

GARNITUR:
Mandelstifte
Pistazienstifte

BHAPA DOI E GOOLER MISHTI

Gebackener Joghurt mit Feigen in Sirup OSTINDIEN

In seiner Zubereitung erinnert dieses Dessert an Crème Caramel, allerdings kommt es ohne Eier aus. Indische Süßspeisen, auch das berühmte *kulfi* (Rezept Seite 152), werden gewöhnlich nicht mit Ei angedickt, sondern mit stark eingekochter Milch *(rabari)*. Hier habe ich etwas geschummelt und stark konzentrierte Kondensmilch verwendet, die man als »sweetened condensed milk« im Asia-Laden erhält. Zum Ausgleich der Süße werden Feigen – sie heißen in Indien *gooler* oder auch *anjeer* – in zitrusfruchtigem und markant gewürztem Sirup pochiert und dazu serviert. Auch zu vielen anderen Desserts bilden diese Feigen eine aparte Ergänzung.

200 g gesüßte Kondensmilch
200 g griechischer Joghurt
1 Prise gemahlener grüner Kardamom
1 EL Pistazienkerne, fein gehackt
1 EL Rosinen, 10 Minuten in warmem Wasser eingeweicht, danach abgetropft

FEIGEN IN SIRUP:
4 reife Feigen
2 EL Zucker
2 Gewürznelken
2,5 cm Zimtstange oder Kassiarinde
1 Stück Sternanis
fein abgeschälte Schale von 1 Zitrone
1 TL Zitronensaft

Den Backofen auf 150 °C (Umluftherd 130 °C) vorheizen. Vier kleine Becherförmchen oder eventuell Muffinformen mit Papiermanschetten für Muffins auskleiden.

Die Kondensmilch, den Joghurt und den Kardamom in einer Schüssel mit einem Schneebesen verrühren, anschließend die Pistazien und Rosinen unterziehen. Die Creme in die vorbereiteten Formen füllen. In einen Bräter setzen und bis beinahe auf halbe Höhe der Formen warmes Wasser in den Bräter gießen. Die Creme 40–50 Minuten im Ofen backen, bis sie fest geworden ist.

Unterdessen für die Zubereitung der Feigen 300 ml Wasser mit dem Zucker, den Gewürzen, der Zitronenschale und dem Saft in einem kleineren schweren Topf bei niedriger Temperatur erhitzen. Wenn sich der Zucker aufgelöst hat, das Ganze zum Kochen bringen. Inzwischen die Feigen der Länge nach vierteln. In den Zuckersirup einlegen, 2 Minuten köcheln lassen und dann den Topf sofort vom Herd nehmen. Die Feigen im Sirup abkühlen lassen.

Wenn die Creme im Backofen schön fest geworden ist, die Formen aus dem Wasserbad nehmen und abkühlen lassen.

Vor dem Servieren die Creme auf einzelne Teller stürzen und die Papiermanschetten entfernen. Die Feigen darauf anrichten und die Desserts mit etwas Sirup umgießen.

Variante: Wenn Sie keine schönen Feigen bekommen, servieren Sie den gebackenen Joghurt beispielsweise mit Himbeersauce (Rezept Seite 152) oder auch mit fertig gekauftem Brombeereis.

KAJU KULFI
Cashewnuss-Eiscreme mit Himbeersauce — NORD- UND WESTINDIEN

Die eigentlich aus Nordindien stammende Köstlichkeit findet auch in Goa und an der westindischen Konkan-Küste großen Anklang. Dort sind allerorten *kulfi*-Verkäufer auf Fahrrädern unterwegs, die zu der Eiscreme eine Sauce aus Früchten der Saison anbieten.

Die Milch mit dem Kardamom in einem Topf zum Kochen bringen. Anschließend unter Rühren etwa 1½ Stunden köcheln lassen, bis sie auf ein Drittel des ursprünglichen Volumens reduziert und die Masse leicht körnig ist.

Vom Herd nehmen und den Zucker sowie die Nüsse untermischen. Bei niedriger Temperatur erneut aufsetzen und rühren, bis sich der Zucker aufgelöst hat. Danach endgültig vom Herd nehmen und abkühlen lassen. Das *kewra*-Blütenwasser oder Rosenwasser gründlich einrühren und das Ganze zugedeckt im Kühlschrank völlig erkalten lassen. Falls Sie eine Eismaschine besitzen, die Masse 30–45 Minuten lang durchrühren – so erhält sie einen besonders zarten Schmelz.

In einzelne, nach oben konisch erweiterte Becherformen von etwa 175 ml Inhalt füllen und in 4–5 Stunden im Gefrierfach fest werden lassen.

Für die Sauce die Himbeeren mit dem Puderzucker im Mixer pürieren und über einer Schüssel durch ein feines Sieb streichen. Kalt stellen.

Die Eiscreme aus den Formen lösen, die Portionen senkrecht in 4 Stücke schneiden und auf gekühlten Tellern anrichten. Mit der Himbeersauce umgießen und sofort servieren.

2 l Vollmilch
½ TL gemahlener grüner Kardamom
400 g Zucker
50 g Cashewnüsse, leicht geröstet und zerstoßen
4 Tropfen *kewra*-Blütenwasser* oder Rosenwasser

HIMBEERSAUCE:
100 g Himbeeren
30 g Puderzucker (nach Geschmack)

TANDOORI PHAL
Marinierte Früchte, gebacken oder gegrillt — NORDINDIEN

In Indien werden Früchte häufig im *tandoor** zubereitet. Ich mariniere sie vor dem Backen oder Grillen zusätzlich in einer aromatischen Mischung aus Honig und Joghurt. Ein besonderer Genuss zu Cashewnuss-Eiscreme (siehe oben)!

Die Äpfel schälen, in dicke Spalten schneiden und vom Kerngehäuse befreien. Die Banane in 4 Stücke und die übrigen Früchte in Scheiben schneiden.

Die Marinadezutaten in einer flachen Schüssel vermischen. Die Früchte gründlich darin wenden und 30 Minuten marinieren.

Den Backofen auf 200 °C (Umluftherd 180 °C) oder den Grill auf hoher Stufe vorheizen. Die Früchte in einen Bräter füllen oder – für den Grill – abwechselnd auf Spieße stecken. 7–10 Minuten im Ofen oder unter dem Grill garen, bis sie kräftig gebräunt sind. Warm genießen.

je 1 roter und grüner Apfel
1 Banane, geschält
¼ Ananas, geschält und vom Strunk befreit
1 Karambole (Sternfrucht)
je ½ Papaya und Mango, geschält

MARINADE:
1 TL Sesamsamen, geröstet
¼ TL schwarze Pfefferkörner, frisch zerstoßen
¼ TL gemahlener grüner Kardamom
1 Lorbeerblatt
1 TL abgeriebene Limettenschale
1 TL Limettensaft
2 EL flüssiger Honig
3 EL Joghurt

MENÜVORSCHLÄGE
● VORSPEISE   ● HAUPTGERICHT   ● DESSERT

EINFACHES MENÜ FÜR 3-4 PERSONEN
● **ALOO TIKKI** Seite 23
Kartoffelküchlein
DAHI AUR SARSON KI CHUTNEY Seite 138
Senf-Joghurt-Chutney
● **MEEN MOLEE** Seite 40
Fischcurry mit Kokosmilch
KEERAI PORIYAL Seite 111
Pfannengerührter Spinat
TADKA DAL Seite 128
Kichererbsen nach Hausfrauenart
ARROZ COM COCO Seite 133
Kokosreis
● **RAVA KESARI** Seite 144
Grießbrei

EINFACHES MENÜ FÜR 3-4 PERSONEN
● **FOFOS** Seite 27
Fischkroketten aus Goa
VELLARIKKAI KOSUMALLI Seite 32
Gurkensalat
● **CHUTNEY NI MURGI** Seite 60
Huhn in pikanter Kräuterpaste
MUTTAKOS KARAT THOREN Seite 115
Weißkohl-Möhren-Gemüse mit Kokosnuss
PAPPU DOSAKAI Seite 127
Kürbis mit Hülsenfrüchten
ELUMICHAMPAZHA SADAM Seite 133
Zitronenreis
CHAPATI Seite 134
● **BADAMI PHIRNI** Seite 144
Mandel-Reis-Creme

EINFACHES MENÜ FÜR 4-5 PERSONEN
● **PAPARIS RECHEADOS** Seite 15
Gefüllte Pappadum
AAM AUR KRISHNA KAMAL CHUTNEY Seite 140
Mango-Maracuja-Chutney
● **ISMAILI MACHCHI CURRY** Seite 47
Fischcurry nach Art der Khojas
MURG HARA MASALA Seite 72
Hühnercurry mit Kräutern
BEGUN PORA Seite 106
Püree von gebackener Aubergine
CHINA BODAM DIYE LAL SAAG Seite 115
Rotstieliger Mangold mit Erdnüssen
BANGALI PULAO Seite 132
Würziger Pilaw
PARATHA Seite 135
● **KHAJOOR KA KHAJA** Seite 147
Pasteten mit Dattel-Orangen-Füllung

MENÜ FÜR 4-5 PERSONEN
● **MOMOS** Seite 16
Indische Dim Sum
LUQMI Seite 19
Würzige Lammfleischpasteten
TETULER MISHTI CHOTNI Seite 138
Süßes Tamarinden-Chutney
BHUNE TIMATER KI CHUTNEY Seite 139
Chutney von gegrillten Tomaten
● **HARI MACHCHI** Seite 40
Petersfisch mit grüner Würzpaste und Spinat
CHAAP KARI VARUVAL Seite 89
Curry von Lammkoteletts
DHANIYAE AUR PYAZ KI KHUMBI Seite 121
Pilze mit Korianderblättern
ALOO DUM Seite 125
Kartoffeln mit Kürbiskernen
TADKA DAL Seite 128
Kichererbsen nach Hausfrauenart
BANGALI PULAO Seite 132
Würziger Pilaw
CHAPATI Seite 134
● **SAEB KI KHEER** Seite 147
Apfeldessert aus Kaschmir

MENÜ FÜR 4-6 PERSONEN
● **JHINGA TIL TINKA** Seite 36
Frittierte Riesengarnelen in Nudel-Sesam-Kruste
SALADE DE CARANGUEJOS Seite 36
Salat von Krabbenfleisch mit Kokosnuss
● **TENGA** Seite 44
Fischcurry süßsauer
KOZHI VELLAI KAZHAMBU Seite 67
Weißes Hühnercurry
SAAG PANEER Seite 111
Spinat mit gebratenem Paneer
ALOO PIAJ KOLI O TOMATOR TORKARI Seite 118
Frühlingszwiebeln mit Kartoffeln und Tomaten
TADKA DAL Seite 128
Kichererbsen nach Hausfrauenart
BANGALI PULAO Seite 132
Würziger Pilaw
NAAN Seite 136
● **SHRIKHAND** Seite 148
Süßer Safran-Kardamom-Joghurt

MENÜ FÜR 4–6 PERSONEN

- **TANDOORI SUBJ CHAAT** Seite 32
  Gegrillte Frucht-Gemüse-Spieße
  SHAMMI KEBAB Seite 24
  Lammfleisch-Bohnen-Küchlein
  PUDHINAE KI CHUTNEY Seite 140
  Minze-Chutney
- **NIMBUWALI MACHCHI** Seite 48
  Tandoori-Lachs mit Limettenmarinade
  ACHARI MURG Seite 71
  Hühnercurry aus Rajasthan
  ALOO GOSHT SALAN Seite 94
  Lamm-Kartoffel-Topf
  DHAROSH CHACHHARI Seite 112
  Okragemüse in würziger Senfsauce
  PAPPU DOSAKAI Seite 127
  Kürbis mit Hülsenfrüchten
  ELUMICHAMPAZHA SADAM Seite 133
  Zitronenreis
  POORI Seite 135
- **BHAPA DOI E GOOLER MISHTI** Seite 151
  Gebackener Joghurt mit Feigen in Sirup

MENÜ FÜR 4–6 PERSONEN

- **TANDOORI MURG** Seite 71
  Tandoori-Huhn
  PUDHINAE KI CHUTNEY Seite 140
  Minze-Chutney
  SUNDAL Seite 35
  Kichererbsen-Mango-Kokosnuss-Salat
- **CHEMEEN MANGA CHARU** Seite 55
  Garnelencurry mit grüner Mango
  NADIR GADH Seite 48
  Fischcurry mit Lotoswurzeln
  KAIRI KA GOSHT DO PIAZA Seite 90
  Lamm mit Mango-Zwiebel-Sauce
  KALLA VEETU KATHRIKKAI Seite 108
  Auberginencurry
  ALOO DUM Seite 125
  Kartoffeln mit Kürbiskernen
  BANGALI PULAO Seite 132
  Würziger Pilaw
  PARATHA Seite 135
- **KHAJOOR KA KHAJA** Seite 147
  Pasteten mit Dattel-Orangen-Füllung

FESTMENÜ FÜR 4–6 PERSONEN

- **TANDOORI PANEER AUR HARI GOBI** Seite 31
  Gebackener Paneer und Brokkoli
  PUDHINAE KI CHUTNEY Seite 140
  Minze-Chutney
- **CARIL DE CARANGUEJOS** Seite 56
  Krabbencurry aus Goa
  HYDERABADI KALI MIRICH KA MURG Seite 64
  Pfeffriges Hühnercurry
  VADAMA KARI KOZHAMBU Seite 85
  Lammcurry mit Mandeln
  KEERAI PORIYAL Seite 111
  Pfannengerührter Spinat
  SHALGAM MASALA Seite 122
  Rüben mit Ingwer und Schwarzkümmel
  KANDE KI SUBJI Seite 121
  Würziges Zwiebelgemüse
  BANGALI PULAO Seite 132
  Würziger Pilaw
  CHAPATI Seite 134
- **KAJU KULFI** Seite 152
  Cashewnuss-Eiscreme mit Himbeersauce
  TANDOORI PHAL Seite 152
  Marinierte Früchte, gebacken oder gegrillt

FESTMENÜ FÜR 5–7 PERSONEN

- **RAJMA KE GELAWATI** Seite 23
  Küchlein aus roten Kidneybohnen
  FOFOS Seite 27
  Fischkroketten aus Goa
  TAMATOR CHOTNI Seite 139
  Tomaten-Chutney
- **MOCHHA CHINGRI MAACHHER MOLAI CURRY** Seite 55
  Langustencurry mit Kokosnuss
  SURTI SANTARA NA CHHAL MA BATHAK Seite 77
  Entencurry mit Orange
  MARATHI NALLI GOSHT Seite 93
  Lammhaxe nach Art der Marathen
  DAHAIWALE ALOO GOBI Seite 109
  Blumenkohl-Kartoffel-Curry
  GANTH GOBI Seite 122
  Kohlrabi nach Kaschmir-Art
  BANGALI PULAO Seite 132
  Würziger Pilaw
  PARATHA Seite 135
- **SAEB KI KHEER** Seite 147
  Apfeldessert aus Kaschmir
  KHAJOOR KA KHAJA Seite 147
  Pasteten mit Dattel-Orangen-Füllung

GLOSSAR

Atta (Chapati-Mehl)
Gewonnen wird dieses Vollkornmehl aus indischem Weizen, der wenig Gluten enthält. Da es besonders weich ist und einen geschmeidigen Teig ergibt, wird es traditionell zur Herstellung von ungesäuerten Fladen wie *chapati* verwendet. Obwohl es fein gemahlen ist, wird es vorher noch gesiebt, um es aufzulockern. Chapati-Mehl kann evtl. durch Dinkelmehl oder Weizenmehl Type 1050 ersetzt werden.

Asafötida
Ein Verwandter des Riesenfenchels liefert die harzartige Substanz, die getrocknet und auch in Pulverform erhältlich ist. Sie wird auch als (Stink-)Asant oder Teufelsdreck bezeichnet und verleiht, sparsam dosiert, Speisen einen reizvollen Geschmack.

Bengal Gram
Bengal gram oder *chana dal* nennt man in Indien die halbierten schwarzen Kichererbsen, die stark gelben Linsen ähneln, aber auch halbierte Schälerbsen.

Black Gram
Die schwarzen Urdbohnen, *black gram* oder *urid dal*, werden geschält und halbiert und zeigen dann eine gelbliche Farbe. Man kann sie auch keimen lassen oder über Nacht einweichen und dann roh in Salate mischen.

Bockshornkleeblätter, gemahlen
Samen und Blätter des Bockshornklees sind als Gewürz nicht austauschbar. Man kann die gemahlenen Blätter in Asia-Läden kaufen. Alternativ trocknet man die Blätter auf einem Blech im Backofen bei niedrigster Temperatur oder an einem warmen, trockenen Platz, zerkleinert sie dann in einer Gewürzmühle und siebt das Pulver zuletzt gründlich durch.

Chat Masala
Jeder Asia-Laden führt diese sandfarbene Gewürzmischung, die Mangopulver, schwarzes Salz, Asafötida und gemahlene und getrocknete Minze enthält. Mit ihrer herb-säuerlichen Note bereichert sie viele indische Salate.

Dal
Hülsenfrüchte fehlen in Indien bei kaum einer Mahlzeit. Linsen, Erbsen und Bohnen werden unter dem Oberbegriff *dal* zusammengefasst und meist geschält und halbiert angeboten. *Chana dal* oder *bengal gram* sind halbierte schwarze Kichererbsen (siehe links), aber auch halbierte Schälerbsen werden oft als *chana dal* verkauft; die beliebten roten Linsen kennt man als *masoor dal*; geschälte und halbierte Urdbohnen werden als *urid dal* oder *black gram* (siehe links) verkauft und die halbierten gelben Mungbohnen als *moong dal*. *Dal* steht aber auch für ein Gericht – dünnflüssige Eintöpfe aus Hülsenfrüchten.

Garam Masala
In jeder Region des Subkontinents kennt man andere Rezepte für diese traditionelle Gewürzmischung. Die klassische Kombination enthält Gewürznelken, Zimt und grünen Kardamom sowie einige Lorbeerblätter, von Fall zu Fall ergänzt durch Kreuzkümmel, Koriandersamen, schwarzen Pfeffer, Muskatnuss und anderes mehr. Das Ganze wird trocken geröstet und anschließend zu Pulver zerstoßen. Fertiges *garam masala* ist in den meisten Asia-Läden erhältlich. Sofern nicht anders angegeben, wird geröstetes *garam masala* am Ende des Kochvorgangs den Speisen zugesetzt.

Gewürze mahlen
Oft werden Gewürze in der indischen Küche je nach Rezept zunächst gröber oder feiner zerkleinert oder auch zu einem Pulver beziehungsweise, falls sie feucht sind, zu einer Paste verarbeitet. Zunehmend kommen auch in Indien anstelle der traditionellen Steinmörser, mit denen man das beste Geschmacksergebnis erzielt, Elektrogeräte zum Einsatz. Für trockene Zutaten verwenden Sie eine Gewürzmühle, für feuchte Gewürze einen Mixer.

Gewürze rösten
Um das Aroma von Gewürzen zu intensivieren, röstet man sie ohne Fett bei mittlerer bis hoher Temperatur in einer schweren Pfanne. Diese regelmäßig rütteln oder immer wieder vorsichtig rühren, damit die Zutaten nicht anbrennen. Wenn sie intensiv duften und Samen wie Popcorn springen, die Pfanne vom Herd ziehen. Anschließend werden die Gewürze manchmal noch gemahlen, um ihr Aroma weiter zu verstärken. Geröstete Gewürze verlieren schnell an Würzkraft und sollten gleich verwendet werden.

Ghee
Seit eh und je war geklärte Butter das meistverwendete Fett in der indischen Küche. Mit dem wachsenden Bewusstsein für gesunde Ernährung wird sie jedoch zunehmend durch Öl verdrängt. Ich koche vorzugsweise mit Pflanzenöl und füge bei Bedarf zuletzt Butter oder vielleicht auch *ghee* zu. Man bekommt es in Asia-Läden.

Gram Flour
Auch als *besan* ist dieses feine, blassgelbe und nussig duftende Kichererbsenmehl im Handel. Man verwendet es für Brote, Pfannkuchen und Backteige.

Granatapfelkerne, gemahlen
Sonnengetrockneten Granatapfelkernen verdankt so manche Zubereitung der nordindischen Küche ihre säuerliche Note. In Asia-Läden sind sie als Pulver erhältlich.

Grüne Chilipaste
Der Schärfegrad von Chilischoten reicht von mild bis feurig. Die Schärfe sitzt aber weniger im Fruchtfleisch, sondern vor allem in den Samen und Scheidewänden. Diese werden für die grüne Chilipaste, die in erster Linie wegen ihres Aromas verwendet wird, zunächst entfernt, bevor man dann die Schoten mit etwas Wasser und Pflanzenöl im Mixer zu einer Paste verarbeitet. Im Kühlschrank hält sie sich 3–5 Tage.

Ingwerpaste
300 g frische Ingwerwurzel schälen und grob hacken. Mit 30 ml kaltem Wasser im Mixer zu einer feinen Paste verarbeiten. Alternativ den Ingwer fein reiben und mit dem Wasser vermischen. Man kann diese Paste ohne weiteres in einem Eiswürfelbehälter einfrieren.

Ingwer-Knoblauch-Paste
Geschälte Knoblauchzehen und Ingwerwurzel zu gleichen Teilen mit Wasser (10 % des Gesamtgewichts) im Mixer zu einer ganz

feinen, glatten Paste verarbeiten. In einem verschlossenen Gefäß im Kühlschrank aufbewahren. Länger hält sich die Paste, wenn man bei der Herstellung 5 % Pflanzenöl und 2 % Zitronensaft untermischt. Die Paste lässt sich auch gut in einem Eiswürfelbehälter einfrieren.

Jaggery und Palmzucker
Beide Sorten sind in Indien unter der Bezeichnung *gur* bekannt und zum Abschmecken von Saucen und Desserts nahezu austauschbar. *Jaggery* ist ein aus Zuckerrohrsaft gewonnener Rohzucker mit charakteristischem Geschmack und weniger Süße als raffinierter Zucker. Dagegen wird Palmzucker aus dem Saft von Dattel-, Kokos- oder anderen Palmen gewonnen.

Karhai
Die rundbauchige Pfanne ähnelt dem chinesischen Verwandten, dem Wok. Sie wird zum Frittieren, zum raschen Anbraten von Gerichten, aber auch zum Dämpfen genutzt.

Kewra-Blütenwasser
Die flüssige Substanz wird aus den Blüten der Pandanus- oder Schraubenpalme gewonnen. Sie aromatisiert Reisgerichte, Süßspeisen und Getränke.

Kokosmilch
Sie wird aus Kokosfruchtfleisch gewonnen und ist nicht zu verwechseln mit dem in jungen Kokosnüssen enthaltenen Saft. Um Kokosmilch selbst herzustellen, 500 g frisch geriebenes Fruchtfleisch in 300 ml lauwarmem Wasser etwa 30 Minuten ziehen lassen. Anschließend das Ganze im Mixer einige Minuten pürieren. Durch ein feines Sieb oder einen mit einem Mulltuch ausgelegten Durchschlag gießen. Dabei erhält man etwa 250 ml dicke Kokosmilch, in meinen Rezepten einfach nur »Kokosmilch« genannt. Für dünne Kokosmilch die Siebrückstände nochmals in 300 ml lauwarmem Wasser ziehen lassen und wie zuvor verarbeiten.

In Dosen erhältliche fertige Kokosmilch verdünnen Sie für meine Rezepte mit etwas Wasser.

Kokosnuss, frisch
In den Küstenregionen Indiens spielt frische Kokosnuss eine bedeutende kulinarische Rolle. Um sie zu öffnen, zwei der drei »Augen« an der Spitze mit einem Spieß durchstoßen, das Kokoswasser herauslaufen lassen und dann die Nuss aufschlagen. Das Fruchtfleisch auslösen und von der braunen Haut befreien. Nun kann das Fruchtfleisch weiterverarbeitet, z.B. gerieben werden. Man kann die Stücke auch grob hacken und dann im Mixer zerkleinern, ohne dass man gleich ein Püree erhält. In dieser Form lässt sich Kokosnuss hervorragend einfrieren. Übrigens schmecken Kokosnussstücke auch frittiert sehr lecker.

Mango, getrocknet
Getrocknete Mango ist als Pulver oder in Scheiben geschnitten in der indischen Küche äußerst beliebt und in Asia-Läden erhältlich. Mangopulver *(amchoor)* wird als Säuerungsmittel in Saucen und Salatdressings gemischt, während die getrockneten Scheiben von unreifen Mangos indische Currys, Chutneys und Linsengerichte um eine herb-säuerliche Note bereichern.

Panch Phoran
Diese Mischung enthält fünf stark aromatische Gewürze zu gleichen Teilen: Zwiebel-, Fenchel- und Bockshornkleesamen, dazu Kreuzkümmel sowie *radhuni* oder Senfsamen.

Paneer
Käse ist in Indien beliebt und wird oft selbst gemacht. Frischkäse wird gewonnen, indem man 2 Liter Milch mit 3–4 EL Zitronensaft köcheln lässt, bis sich die Käsemasse von der Molke trennt. Nun lässt man die Molke abtropfen. *Paneer* erhält man, indem man den so gewonnenen Frischkäse presst und fest werden lässt.

Safran
Aus den Blüten des *Crocus sativus* werden die zierlichen Narbenäste in Handarbeit herausgelöst und sorgfältig getrocknet. So erklärt sich der hohe Preis dieses Gewürzes, das allerdings schon in kleinen Mengen eine erstaunliche Farb- und Aromakraft entfaltet. Dazu werden die ganzen Fäden zunächst eingeweicht und vorheriges Rösten in einer Pfanne intensiviert noch ihr Aroma. Man übergießt 1 Prise Safranfäden mit 2 EL lauwarmem Wasser, Milch oder einer anderen Flüssigkeit und lässt sie 30 Minuten ziehen, bevor man sie nach Rezept weiterverarbeitet.

Sattu
In Indien werden mit diesem fein gemahlenen Mehl aus geschälten und gerösteten Urdbohnen nahrhafte Snacks zubereitet. Mit kaltem Wasser verrührt, ergibt es ein kühlendes Getränk und, gemischt mit Gewürzen, dient es als Füllung für Fladenbrote und Appetithappen.

Senfsamenpaste
Vor allem in den östlichen Regionen Indiens kommt dieses eher ungewöhnliche Würzmittel zum Einsatz. Man erhält es, indem man 200 g schwarze oder braune Senfsamen mit 2 EL Wasser im Mixer zu einer glatten Paste verarbeitet. Im Kühlschrank lässt sie sich bis zu 1 Woche aufbewahren. Als Ersatz eignet sich handelsüblicher Senf.

Tamarindenmark
In den Hülsenfrüchten der Tamarinde, eines in Indien heimischen Baumes, ist neben den Samen ein klebriges Mark enthalten, das in der Küche des Landes wegen seines herb-säuerlichen Geschmacks geschätzt wird. Man kann es, zu Blöcken gepresst, kaufen. Vor der Verwendung wird es zerpflückt, etwa 20 Minuten in heißem Wasser eingeweicht und anschließend durch ein Sieb gestrichen, um harte Bestandteile zu entfernen. Das Mengenverhältnis variiert je nach gewünschter Geschmacksintensität – mit 400 ml Wasser auf 200 g Mark ergibt sich eine pastenartige Substanz. Im Kühlschrank hält sie sich 2–3 Wochen.

Tandoor
Gerichte, die in dem traditionellen Lehmofen zubereitet werden, genießen ein besonderes Aroma: Dazu gehören saftige Hühnergerichte oder Brotfladen, die an der Innenwand des *tandoor* klebend gebacken werden.

Zwiebel-Joghurt-Paste
500 g Zwiebeln schälen, in sehr dünne Scheiben schneiden und in heißem Öl goldbraun frittieren. Auf Küchenpapier gründlich abtropfen lassen und dann mit 50 g Joghurt im Mixer fein pürieren. Im Kühlschrank hält sich die Paste bis zu 2 Wochen.

REGISTER

A
Aam aur krishna kamal chutney 140
Aamer diye tawker dal 129
Aam ki chutney 140
Achari murg 71
Aloo dum 125
Aloo gosht salan 94
Aloo piaj koli o tomator torkari 118
Aloo tikki 23
Ambot-tik 47
Ananas-Chutney 141
Anarasher chotni 141
Äpfel: Apfel-Chutney 141
  Apfeldessert aus Kaschmir 147
Aromatischer Lammtopf mit Kokosmilch 97
Arroz com coco 133
Asafötida 156
Atta 156
Auberginen: Auberginencurry 108
  Gefüllte Auberginenmedaillons 28
  Püree von gebackener Aubergine 106
Austern im Blätterteigmantel 27

B
Badami phirni 144
Bananen: Frittierte Gemüsekrapfen 15
Bangali pulao 132
Begun pora 106
Bengal gram 156
  Lammfleisch-Bohnen-Küchlein 24
  Kürbis mit Hülsenfrüchten 127
Beilagen 130–141
Bhapa doi e gooler mishti 151
Bhatura 136
Bhune timater ki chutney 139
Black gram 156
Blumenkohl: Blumenkohl-Kartoffel-Curry 109
  Blumenkohl mit Möhren und Erbsen 116
  Hühnertopf mit Gemüse 74
Bockshornkleeblätter, gemahlen 156
Bohnen, siehe verschiedene Arten von Bohnen
Bolinas de carne em caril verde 102
Brokkoli, Gebackener Paneer und 31
Brot 134–136
  Bhatura, Ausgebackene Weizenfladen 136
  Chapati, Vollkornfladen aus der Pfanne 134
  Naan, Hefebrot mit Sesam und Milch 136
  Paratha, Geschichtete Vollkornfladen 135
  Poori, Ausgebackene Vollkornfladen 135
Brunnenkresse mit Wasserkastanien 112
Buschbohnen: Gemüsereis 132

C
Caril de caranguejos 56
Caril de galinha 60
Cashewnuss-Eiscreme mit Himbeersauce 152
Chaap kari varuval 89
Chana masala 129
Chapati 134
  Herzhafte Gemüserollen 20
Chapati-Mehl *(atta)* 156
Chat masala 156
Chemeen manga charu 55
Chilis: Grüne Chilipaste 156
  Frittierte Gemüsekrapfen 15
  Lammfleisch mit grünen Chilis 85
  Rotes Lammcurry aus Rajasthan 99
  Scharf-saurer Fischtopf 47
China bodam diye lal saag 115
Chote santrae ki chutney 141
Chutney ni murgi 60
Chutneys: Apfel-Chutney 141
  Ananas-Chutney 141
  Chutney von gegrillten Tomaten 139
  Knoblauch-Chutney 139
  Koriander-Chutney 138
  Koriander-Erdnuss-Chutney 51
  Kumquat-Chutney 141
  Mango-Chutney 60, 140
  Mango-Maracuja-Chutney 140
  Minze-Chutney 140
  Möhren-Chutney 137
  Senf-Joghurt-Chutney 138
  Süßes Tamarinden-Chutney 138
  Tomaten-Chutney 139
  Zwiebel-Chutney 137
Currys: Auberginencurry 108
  Bengalisches Lammcurry 86
  Blumenkohl-Kartoffel-Curry 109
  Curry von Drumsticks, Erbsen und Kartoffeln 106
  Curry von Kürbis und Guarbohnen 116
  Curry von Lammkoteletts 89
  Curry von Rettich und Kichererbsen 126
  Curry von Riesengarnelen 52
  Entencurry mit Orange 77
  Fischcurry nach Art der Khojas 47
  Fischcurry aus Deccan 43
  Fischcurry mit Kokosmilch 40
  Fischcurry mit Lostoswurzeln 48
  Fischcurry süßsauer 44
  Garnelencurry 52
  Garnelencurry mit grüner Mango 55
  Garnelencurry mit Kokosnuss 55
  Grünes Curry mit Lammfleischbällchen 102
  Hühnercurry aus Goa 60
  Hühnercurry aus Kochi 73
  Hühnercurry aus Rajasthan 71
  Hühnercurry mit Kräutern 72
  Hühnercurry nach Hausfrauenart 72
  Krabbencurry aus Goa 56
  Krabben mit Tamarinde und Curryblättern 56
  Lammcurry à la George 96
  Lammcurry mit Kichererbsen 94
  Lammcurry mit Mandeln 85
  Lammcurry nach Art der Parsen 86
  Pfeffriges Hühnercurry 64
  Rotes Lammcurry aus Rajasthan 99
  Rotes Lammcurry Kaschmir-Art 82
  Scharf-saurer Fischtopf 47
  Schweinefleischcurry aus Mangalore 103
  Tamilisches Hühnercurry 64
  Würziges Hühnercurry mit Spinat 63
  Weißes Hühnercurry 67

D
Dahaiwale aloo gobi 109
Dahi aur sarson ki chutney 138
Desserts 142–153
Dhaniya aur mungfali ki chutney 138
Dhaniyae aur pyaz ki khumbi 121
Dharosh chachhari 112
Dicke Bohnen: Dicke Bohnen mit Tamarinde 119
  Weißes Hühnercurry 67
Dill: Würzige Kartoffeln mit Dill 125
Dim Sum, Indische 16
Doi maach 43
Drumstick: Curry von Drumsticks, Erbsen und Kartoffeln 106

E
Eguru pethelu 56
Eintopf: Aromatischer Lammtopf mit Kokosmilch 97
  Hühnertopf mit Gemüse 74
  Scharf-saurer Fischtopf 74
Eis: Cashewnuss-Eiscreme mit Himbeersauce 152
Elumichampazha sadam 133
Entencurry mit Orange 77
Erachi olarthiyathu 96
Erbsen: Blumenkohl mit Möhren und Erbsen 116
  Curry von Drumsticks, Erbsen und Kartoffeln 106
  Gemüsereis 132
  Hackfleischpfanne mit Erbsen 99
Erdnüsse: Koriander-Erdnuss-Chutney 115
  Rotstieliger Mangold mit Erdnüssen 115

F
Feigen: Gebackener Joghurt mit Feigen in Sirup 151
Fischcurry aus Deccan 43
Fischcurry mit Kokosmilch 40
Fischcurry mit Lostoswurzeln 48
Fischcurry nach Art der Khojas 47
Fischcurry süßsauer 44
Fischkroketten aus Goa 27
Fisch und Meeresfrüchte 38–57
Fleisch 80–103
Fofos 27
Frittierte Gemüsekrapfen 15
Frittierte Riesengarnelen in Nudel-Sesam-Kruste 36
Früchte: Marinierte Früchte, gebacken oder gegrillt 152
  Gegrillte Frucht-Gemüse-Spieße 32
Frühlingszwiebeln mit Kartoffeln und Tomaten 118
Fulaver gajjar vatana nu shak 116

G
Gajjar ka halwa 148
Gajjar ki chutney 137
Ganth gobi 122
Garam masala 156
Garnelen: Curry von Riesengarnelen 52
  Frittierte Riesengarnelen in Nudel-Sesam-Kruste 36
  Garnelencurry 52
  Garnelencurry mit grüner Mango 55
  Gefüllte Pappadum 15
  Salat mit Jakobsmuscheln und Garnelen 35
  Salat von Krabbenfleisch und Kokosnuss 36
Gebackener Joghurt mit Feigen in Sirup 151

Gebackener Paneer und Brokkoli 31
Gebratene Hühnerleber 24
Geflügel 58–79
Gefüllte Auberginenmedaillons 28
Gefüllte Pappadum 15
Gegrillte Frucht-Gemüse-Spieße 32
Gemüse 104–129
    Frittierte Gemüsekrapfen 15
    Gegrillte Frucht-Gemüse-Spieße 32
    Herzhafte Gemüserollen 20
    Gemüsereis 132
    Knusprige Gemüsetaschen 19
    Weißkohl-Möhren-Gemüse mit Kokosnuss 115
Gewürze, mahlen 157
    rösten 157
Ghazaala 85
Ghee 156
Gosht ki biryani 100
Gram flour 157
Granatapfelkerne, gemahlen 157
Grießbrei 144
Grüne Chilipaste 156
Grünes Curry mit Hackfleischbällchen 102
Gurke: Raita mit Minze und Gurke 100
    Gurken-Tomaten-Salat 20
    Gurkensalat 32

H
Hackfleischpfanne mit Erbsen 99
Halwa, Möhren-Halwa 148
Hari machchi 40
Hefebrot mit Sesam und Mohn 136
Herzhafte Gemüserollen 20
Hiran tariwala 103
Huhn
    Hühnercurry aus Goa 60
    Hühnercurry aus Kochi 73
    Hühnercurry aus Rajasthan 71
    Hühnercurry mit Kräutern 72
    Hühnercurry nach Hausfrauenart 72
    Huhn in pikanter Kräuterpaste 60
    Huhn in würziger Tomaten-Zwiebel-Sauce 74
    Hühnerleber, gebratene 24
    Hühnertopf mit Gemüse 74
    Huhn mit Bockshornklee 68
    Pfeffriges Hühnercurry 64
    Tamilisches Hühnercurry 64
    Tandoori-Huhn 71
    Weißes Hühnercurry 67
    Würziges Hühnercurry in Spinat 63
Hyderabadi kali mirich ka murg 64

I
Indisches Dim Sum 16
Ingwer: Ingwerpaste 156
    Ingwer-Knoblauch-Paste 156
    Rüben mit Ingwer und Schwarzkümmel 122
Ismaili machchi curry 47

J
Jaggery 157
Jal tarang 35
Jhal muri 12
Jhinga til tinka 36
Joghurt: Gebackener Joghurt mit Feigen in Sirup 151
    Langsam gegartes Rebhuhn 79
    Rotes Lammcurry aus Rajasthan 99
    Rotes Lammcurry Kaschmir-Art 82
    Senf-Joghurt-Chutney 138
    Süßer Safran-Kardamom-Joghurt 148
    Tandoori-Huhn 71
    Würziger Fisch in Joghurtsauce 43

K
Kabeljau: Fischkroketten aus Goa 27
Käse, siehe *paneer*
Kairi ka gosht do piaza 90
Kaju kulfi 152
Kalla veetu kathrikkai 108
Kande ki subji 121
Karjikai 19
Kartoffeln: Blumenkohl-Kartoffel-Curry 109
    Curry von Drumsticks, Erbsen und Kartoffeln 106
    Fischkroketten aus Goa 27
    Frittierte Gemüsekrapfen 15
    Frühlingszwiebeln mit Kartoffeln und Tomaten 118
    Gefüllte Auberginenmedaillons 28
    Gefüllte Pappadum 15
    Hühnertopf mit Gemüse 74
    Kartoffeln mit Melonenkernen 125
    Kartoffelküchlein 23
    Knusprige Gemüsetaschen 19
    Lammcurry nach Art der Parsen 86
    Lamm-Kartoffel-Topf 94
    Würzige Kartoffeln mit Dill 125
Keerai poriyal 111
Kewra-Blütenwasser 157
Khajoor ka khaja 147
Kheema mattar 99
Kichererbsen: Curry von Rettich und Kichererbsen 126

Kichererbsen-Mango-Kokosnuss-Salat 35
Kichererbsen nach Hausfrauenart 128
Kichererbsen nach Punjab-Art 129
Lammcurry mit Kichererbsen 94
Kidneybohnen, Küchlein aus roten 23
Knoblauch-Chutney 139
Knusprige Gemüsetaschen 19
Kohl: Herzhafte Gemüserollen 20
    Weißkohl-Möhren-Gemüse mit Kokosnuss 115
Kohlrabi nach Kaschmir-Art 122
Kokosmilch 156
    Aromatischer Lammtopf mit Kokosmilch 97
    Auberginencurry 108
    Fischcurry mit Kokosmilch 40
    Garnelencurry 52
    Kokosreis 133
    Langustencurry mit Kokosnuss 55
Kokosnuss 156
    Huhn in pikanter Kräuterpaste 60
    Weißkohl-Möhren-Gemüse mit Kokosnuss 115
Kokospaste: Krabben mit Tamarinde und Curryblättern 56
Kokosreis 133
Kondensmilch: Gebackener Joghurt mit Feigen in Sirup 151
Korianderblätter: Koriander-Chutney 138
    Koriander-Erdnuss-Chutney 51
    Pilze mit Korianderblättern 121
Krabben: Salat von Krabbenfleisch mit Kokosnuss 36
    Krabbencurry aus Goa 56
    Krabben mit Tamarinde 56
Kosha mangsho 86
Kozhi vartha kozhambu 64
Kozhi vellai kazhambu 67
Küchlein aus roten Kidneybohnen 23
Kumquat-Chutney 141
Kürbis: Curry von Kürbis und Guarbohnen 116
    Kürbis mit Hülsenfrüchten 127

L
Laal maas 99
Lachs: Tandoori-Lachs mit Limettenmarinade 48
Lagan ka titar 79
Lahsuni chutney 139
Lammfleisch: Aromatischer Lammtopf mit Kokosmilch 97

Curry von Lammkoteletts 89
Grünes Curry mit Hackfleischbällchen 102
Hackfleischpfanne mit Erbsen 99
Indische Dim Sum 16
Lammcurry à la George 96
Lammcurry nach Art der Parsen 86
Lammcurry mit Kichererbsen 94
Lammcurry mit Mandeln 85
Lammfleisch-Biryani 100
Lammfleisch-Bohnen-Küchlein 24
Lammfleisch mit grünen Chilis 85
Lammhaxe nach Art der Marathen 93
Lamm-Kartoffel-Topf 94
Lammkeule mit würziger Sauce 90
Lamm mit Mango-Zwiebel-Sauce 90
Rotes Lammcurry Kaschmir-Art 82
Rotes Lammcurry aus Rajasthan 99
Würzige Lammfleischpasteten 19
Langsam gegartes Rebhuhn 79
Langustencurry mit Kokosnuss 55
Leber, siehe Hühnerleber
Limettenmarinade, Tandoori-Lachs mit 48
Linsen: Kürbis mit Hülsenfrüchten 127
    Seeteufel-Kedgeree 51
    Würzige Linsen mit Mango 129
Littee 16
Laal maas 99
Lotoswurzeln, Fischcurry mit 48
Luqmi 19

M
Macher diye char daler khechuri 51
Mamsa ishtew 97
Mandeln: Lammcurry mit Mandeln 85
    Mandel-Reis-Creme 144
Mango, getrocknet 157
    Garnelencurry mit grüner Mango 55
    Huhn in pikanter Kräutersauce 60
    Kichererbsen-Mango-Kokosnuss-Salat 35
    Lamm mit Mango-Zwiebel-Sauce 90
    Mango-Chutney 140
    Mango-Maracuja-Chutney 140
    Würzige Linsen mit Mango 129
Mangsho ghugni 94
Marathi nalli gosht 93
Marinierte Früchte, gebacken oder grillt 152
Masaledar batyeren 77
Meen dakshini 43
Meen molee 40
Meerbarben: Fischcurry aus Deccan 43
    Fischcurry mit Lotoswurzeln 48

Meeresfrüchte und Fisch 38–57
Meethe chawal 134
Melonensamen, Kartoffeln mit 125
Methi kukkur 68
Milch: Apfeldessert aus Kaschmir 147
    Cashewnuss-Eiscreme mit Himbeersauce 152
    Mandel-Reis-Creme 144
    Milchcreme mit Kardamom und Safran 148
    Möhren-Halwa 148
Minze: Minze-Chutney 140
    Raita mit Minze und Gurke 100
Mochha chingri maachher molai curry 55
Mohn: Hefebrot mit Sesam und Mohn 136
Möhren: Blumenkohl mit Möhren und Erbsen 116
    Möhren-Chutney 137
    Möhren-Halwa 148
    Weißkohl-Möhren-Gemüse mit Kokosnuss 115
Momos 16
Mooli (Daikon-Rettich): Curry von Rettich und Kichererbsen 126
Mulangi kadalai kozhambu 126
Murg hara masala 72
Murgi jhol 74
Murg kaleji masala 24
Murg makhan masala 74
Murg tariwala 72
Muttakos karat thoren 115

N
Naadan kozhi ularthiyathu 73
Naan 136
Nadir gadh 48
Nimbuwali machchi 48
Niramish pulao 132
Nizami subj kathi 20

O
Okragemüse in würziger Senfsauce 112
Orange: Pasteten mit Dattel-Orangen-Füllung 147
    Entencurry mit Orange 77
    Wildtauben mit Orange 78

P
Palmzucker 157
Palok diye tikha murgi kalia 63
Panch phoran 157
Pandi kari 103

Paneer: Gebackener Paneer und Brokkoli 31
    Herzhafte Gemüserollen 20
    Spinat mit gebratenem Paneer 111
Paparis recheados 15
Pappadum, gefüllt 15
Pappu dosakai 127
Paprika: Austern im Blätterteigmantel 27
    Herzhafte Gemüserollen 20
Paratha 135
pasteis de ostras 27
Pasteten: Knusprige Gemüsetaschen 19
    Pasteten mit Dattel-Orangen-Füllung 147
    Würzige Lammfleischpasteten 19
pattar kolu ane guvar fali nu shak 116
Petersfisch: Petersfisch mit grüner Würzpaste und Spinat 40
Pfeffriges Hühnercurry 64
Pilze mit Korianderblättern 121
Poori 135
pudhinae ki chutney 140
pura kichili pazham melagu kari 78

R
Raan e sikander 90
Raita: Raita mit Minze und Gurke 100
    Würziges Raita 99
Rajma ke gelawati 23
Rava kesari 144
Rettich: Curry von Rettich und Kichererbsen 126
Rebhuhn, langsam gegartes 79
Red Snapper: Fischcurry süßsauer 44
Reh-Stew mit Wintergemüse 103
Reis: Gemüsereis 132
    Kokosreis 133
    Lammfleisch-Biryani 100
    Mandel-Reis-Creme 144
    Seeteufel-Kedgeree 51
    Süßer Reis 134
    Würziger Pilaw 132
    Würziger Puffreis 12
    Zitronenreis 133
Rogan josh 82
Rosinen: Möhren-Chutney 137
Rotes Lammcurry aus Rajasthan 99
Rotes Lammcurry Kaschmir-Art 82
Rotstieliger Mangold mit Erdnüssen 115
Royyalu pulusu 52
Rüben mit Ingwer und Schwarzkümmel 122

S
Saag paneer 111
Saeb ki chutney 141
Saeb ki kheer 147
Safran 157
    Süßer Safran-Kardamom-Joghurt 148
Salada de caranguejos 36
Salate: Gurkensalat 32
    Gurken-Tomaten-Salat 20
    Kichererbsen-Mango-Kokosnuss-Salat 35
    Salat mit Jakobsmuscheln und Garnelen 35
    Salat von Krabbenfleisch mit Kokosnuss 36
Salli ma kharu gosht 86
Sandhno no patio 52
Sattu 157
Scharf-saurer Fischtopf 47
Schweinefleischcurry aus Mangalore 103
Schwertfisch: Scharf-saurer Fischtopf 47
Seeteufel: Fischcurry nach Art der Khojas 47
    Seeteufel-Kedgeree 51
Senf: Senf-Joghurt-Chutney 138
    Senfsamenpaste 157
Shalgam masala 122
Shammi kebab 24
Shrikhand 148
Sing vatana batata 106
Singhora diye kolmi saag bhaji 112
Snacks und Vorspeisen 10–37
Spinat: Petersfisch mit grüner Würzpaste und Spinat 40
    Pfannengerührter Spinat 111
    Spinat mit gebratenem Paneer 111
    Würziges Hühnercurry mit Spinat 63
Sundal 35
Surti santara na chhal ma bathak 77
Süßer Reis 134
Süßer Safran-Kardamom-Joghurt 148
Süßes Tamarinden-Chutney 138

T
Tadka dal 128
Tamarinde:
    Dicke Bohnen mit Tamarinde 119
    Hühnercurry mit Kräutern 72
    Krabbencurry aus Goa 56
    Scharf-saurer Fischtopf 47
    Süßes Tamarinden-Chutney 138
    Tamarindenmark 157
    Tamilisches Hühnercurry 64
Tamotor chotni 139
Tandoori-Huhn 71

Tandoori-Lachs mit Limettenmarinade 48
Tandoori murg 71
Tandoori paneer aur hari gobi 31
Tandoori phal 152
Tandoori subj chat 32
Tarkari ni bhajia 15
Teigbällchen mit würziger Füllung 16
Tenga 44
Tetul diye sheemer torkari 119
Tetuler mishti chotni 138
Tomaten: Chutney von gegrillten Tomaten 139
    Frühlingszwiebeln mit Kartoffeln und Tomaten 118
    Gurken-Tomaten-Salat 20
    Huhn in würziger Tomaten-Zwiebel-Sauce 74
    Tomaten-Chutney 139
    Würziges Hühnercurry mit Spinat 63

U
Urulai soyikeerai variyal 125

V
Vadama kari kozhambu 85
Vaingan katri 28
Vellarikkai kosumalli 32
Vengaya thuvaiyal 137

W
Wachteln, würzige 77
Wildtauben mit Orange 78
Weißes Hühnercurry 67
Wolfsbarsch: Fischcurry mit Kokosnuss 40
Weißkohl-Möhren-Gemüse mit Kokosnuss 115
Würzige Kartoffeln mit Dill 125
Würzige Lammfleischpasteten 19
Würziger Fisch in Joghurtsauce 43
Würziger Pilaw 132
Würziger Puffreis 12
Würziges Hühnercurry in Spinat 63
Würziges Zwiebelgemüse 121
Würzige Wachteln 77

Z
Zitronenreis 133
Zwiebeln: Frittierte Gemüsekrapfen 15
    Lammfleisch mit grünen Chilis 85
    Lamm mit Mango-Zwiebel-Sauce 90
    Würziges Hühnercurry mit Spinat 63
    Würziges Zwiebelgemüse 121
    Zwiebel-Chutney 137
    Zwiebel-Joghurt-Paste 156